Alfred Schierer · Thomas Zauner
Der eine ist Wiener Urgestein und Historiker, der andere ein Kind der tiefsten Provinz und Germanist. Beide sind Jahrgang 1967. Als Verlagslektoren ringen sie hauptberuflich und täglich mit den Feinheiten und Untiefen der deutschen Sprache.

www.sprechensie.at

Alfred Schierer · Thomas Zauner

Sprechen Sie Österreichisch?

Ein Sprachführer für Einheimische und Zugereiste

UEBERREUTER

für m & m & m
für c & j & a

Die Autoren danken Constanze Breckoff aus Bremen, die darauf geschaut hat, dass die Übersetzungen auch wirklich für alle Zugereisten verständlich sind …

Die Deutsche Bibliothek – CIP-Einheitsaufnahme

Schierer, Alfred:
Sprechen Sie Österreichisch? : ein Sprachführer für Einheimische und Zugereiste / Alfred Schierer/Thomas Zauner. –
Wien : Ueberreuter, 2002
ISBN 3-8000-3884-6

Coverfoto: Markus Rössle
Covergestaltung und Innenlayout: Maria Schuster

Druck: Theiss, A-9431 St. Stefan i. L.
1 3 5 7 6 4 2

Ueberreuter im Internet: www.ueberreuter.at

Inhalt

Ein kurzes Vorwort

Die Krot werd ma schluckn müssen. Als die neuen Abgeordneten aus Österreich im Brüsseler EU-Parlament ihre ersten Reden hielten und sich dabei kein Blatt vor den Mund nahmen, brach unter den Dolmetschern Panik aus. Wie um Himmels willen übersetzt man *Die Krot werd ma schluckn müssen*? War das wirklich deutsch? Ein Goethe hat das jedenfalls nicht geschrieben und im »Duden« steht es auch nicht ...

Mit dem EU-Beitritt Österreichs wurde die Frage nach der Eigenständigkeit des österreichischen Deutsch wieder einmal heftig diskutiert. *Erdäpfelsalat bleibt Erdäpfelsalat* stand da zum Beispiel auf Plakaten und jeder Politiker versicherte, dass es auch nach der EU-Abstimmung noch *Eierschwammerlsoße mit Knödel* gibt und nicht *Pfifferlingtunke mit Klößen.* Dass die *Semmeln resch* bleiben und nicht die *Brötchen knusprig* werden, dass man am *Würstelstand Frankfurter mit Kren* und nicht an der *Würstchenbude Wiener Würstchen mit Meerrettich* bekommt.

Aber bekanntlich versprechen Politiker viel, wenn der Tag lang ist, und reden tun sie noch viel mehr. Waren all die »typisch österreichischen« Mustersätze wirklich typisch österreichisch? Worin unterscheidet sich denn das österreichische Deutsch vom deutschen Deutsch? Amtlicherseits ist die Antwort seit dem EU-Beitritt recht einfach: Der Beitrittsvertrag weist im »Protokoll Nr. 10 über die Verwendung spezifisch österreichischer Ausdrücke der deutschen Sprache im Rahmen der Europäischen Union« einige Worte aus, die den entsprechenden deutschen Worten rechtlich gleichgestellt sind:

Österreich	*Deutschland*
Beiried	Roastbeef
Eierschwammerln	Pfifferlinge
Erdäpfel	Kartoffeln
Faschiertes	Hackfleisch
Fisolen	Grüne Bohnen
Grammeln	Grieben
Hüferl	Hüfte
Karfiol	Blumenkohl
Kohlsprossen	Rosenkohl
Kren	Meerrettich
Melanzani	Aubergine
Marillen	Aprikosen
Nuss (Fleischstück)	Kugel
Obers	Sahne
Paradeiser	Tomaten
Powidl	Pflaumenmus
Ribisel	Johannisbeeren
Rostbraten	Hochrippe
Schlögel	Keule
Topfen	Quark
Vogerlsalat	Rapunzel-, Feldsalat
Weichsel	Sauerkirschen

Aber sind das wirklich alles typisch österreichische Wörter, die da im EU-Recht mit viel Spucke verankert wurden?

Der *Erdapfel* ist es jedenfalls nicht. Den gibt es nämlich in der Schweiz genauso wie im gesamten süddeutschen Raum. Und dass in Österreich kein Mensch weiß, was ein Deutscher mit *Kartoffel* meint, kann man auch nicht behaupten. Ältere Semester werden sich außerdem noch daran erinnern, dass es neben dem *Erdapfel* noch Wörter wie *Erdbirne* und *Grundbirne* gibt. Das Einzige, was beim *Erdapfel* wirklich typisch österreichisch ist, ist die

Tatsache, dass man ihn hierorts bei hochoffiziellen Angelegenheiten verwenden kann, ohne schief angeschaut zu werden, während er überall sonst ein Ausdruck der Mundart ist …

Beispiel *Paradeiser*. Der *Paradeiser* ist tatsächlich außerhalb Österreichs unüblich, aber auch in Westösterreich – in Vorarlberg und in Westtirol – ist das Wort mangels großer paradeisischer Anbaumöglichkeiten nicht wirklich beheimatet. Ist es trotzdem typisch österreichisch?

Oder das *Obers*. Dieses Milchprodukt, das – ums nicht zu einfach zu machen – auch manchmal *Kaffeeobers* genannt wird, reicht man in Ostösterreich zum Kaffee, als *Schlagobers* kommt es auf die Sachertorte; in anderen Landesteilen aber heißt das *Obers* wie in großen Teilen Deutschlands *Rahm* bzw. *süßer Rahm* und die norddeutsche *Sahne* findet sich ebenfalls schon auf vielen Speisekarten, ohne dass die Wiener deshalb eine Revolution anzetteln.

Wir sehen also: Es ist nicht alles immer so eindeutig, wie man meint – und also auch nicht wirklich dramatisch. Dass die österreichische *Palatschinke* nichts mit einem Schinken zu tun hat, merkt ein Zugereister spätestens dann, wenn er reinbeißt, und an einer deutschen *Apfelschorle* hat sich noch kein Einheimischer nördlich des Weißwurst-Äquators verkutzt, nur weil er sie nicht als *Apfelsaft gespritzt* bestellen konnte. Und dass österreichische Filme wie »Hinterholz 8« mit Roland Düringer im deutschen Fernsehen mit Untertiteln gespielt werden, ist ja eigentlich schon wieder lustig …

Mit anderen Worten: Geschätzte 2 bis 4 Prozent des deutschen Wortschatzes sind mehr oder weniger eindeutig österreichisch. Der große Rest wird *eanta da Grenz* genauso verstanden *wia doda*. Auch in Zukunft wird kein deutscher Tourist in Österreich einen Dolmetsch brauchen und umgekehrt gilt natürlich das Gleiche.

Für die 2 bis 4 Prozent der besonderen Wörter aber haben wir dieses kleine Buch zusammengestellt. »Sprechen Sie Österreichisch?« versammelt das Beste, was dieses Land sprachlich zu bieten hat, und übersetzt es so, dass sich garantiert jeder Zugereiste auskennt. Bierernste Germanisten werden zwar vor Schrecken umfallen, aber wir haben das Buch ja auch nicht für sie geschrieben, sondern für Einheimische und Zugereiste mit Sinn für Humor.

Was wir leider nicht bieten können, ist die korrekte Aussprache der Wörter. Da verweisen wir auf das Hörbuch »Sprechen Sie Österreichisch?«. Wir versichern Ihnen: Was Sie dort hören werden, *rind owi wiara Honig* und *schluckt si ned wiara Krot …*

Alfred Schierer & Thomas Zauner
Wien, im Juni 2002

A

a b c d e f g h i j k l m n o p q r s t u v w x y z

Wörter, die Sie unter A nicht finden, stehen sicher unter E oder O

aba, abi, oba, obi	herunter, hinunter; oft mit anderen Wörtern zusammengesetzt: *obahoin* (herunter holen), *obaschaun* etc.; *obistessn* (hinabstoßen) kann man etwas oder jemanden, wenn man *a Seidl obistesst*, dann trinkt man 0,33 Liter Bier sehr rasch
abbusseln	abküssen
abfretten	sich mühevoll mit etwas beschäftigen; wenn man sich *durchs Leben gfrett'*, dann hat man bis zum Sterben nicht viel zum Lachen
abhauen	sich von einem Ort ohne Erlaubnis weg bewegen; wer *sich abhaut*, der lacht
abhäuteln	man verliert Haut z. B. nach einem Sonnenbrand
abkrageln	jemanden den Hals umdrehen *(derb)*
abpaschen	heimlich plötzlich verschwinden
abputzen	säubern (z. B. Schuhe vor dem Eintreten); aber auch: Schuld von sich weisen
abrebeln	Beeren von der Rebe trennen
abschädeln	köpfen (*salopp*)

abstieren	jemandem Geld abknöpfen
abstrudln, sich	gehetzt arbeiten oder etwas erledigen
Abwasch	die Spüle; in Deutschland wird dieser Begriff für das abzuwaschende Geschirr verwendet, in Österreich in diesem Sinne jedoch ungebräuchlich
abwatschen	ohrfeigen
Achterl	Maßeinheit, in der Wein, aber auch härtere Getränke abgegeben werden; Dialog aus »Der Kommissar« mit Helmut Qualtinger: *»A Achterl bitte!« – »Rot oder weiß?« – »Slivovitz, natiarlich!«*
Agrasel	Stachelbeere
Alte, Alter	Ehefrau bzw. -mann (*scherzh.*); *de Oidn* können aber auch die Eltern sein
Alleebrunzer	Mann, der seine Notdurft im Freien verrichtet
Almrausch	Alpenrose; diese Blume hat nichts mit übermäßigem Alkoholgenuss auf einer hoch gelegenen Futterwiese für Kühe zu tun
Altarwanze	Frau, die durch ein großes Maß an Frömmigkeit auffällt
Alzerl, Eizerl	ein ganz klein wenig von etwas; wenn man etwas nur knapp nicht erreicht hat, *hot a Alzerl gföht*
Amtskappel	Kopfbedeckung eines Beamten; aber auch: ein nicht besonders innovativer Beamter

Ananas	tropische Südfrucht; aber auch Kurzform von »Ananaserdbeere«
anbrunzen	auf etwas urinieren; wer *sich anbrunzt vor lauta Lochn*, der lacht sehr heftig
angefressen sein	mit einer Situation, einer Person oder allgemein: mit dem Leben sehr unzufrieden sein
anglahnt	wenn man *wen anglahnt* (angelehnt) *losst*, dann beendet man eine Beziehung oder lässt jemanden im Stich
anlassig	aufdringlich
anrennen	sich an etwas stoßen; aber auch: zusehen, wie jemand in sein Verderben läuft
anschütten	sich mit Flüssigkeit unabsichtlich nass machen; aber auch: jemanden verleumden, beschimpfen
Anserschmäh	»Einserschmäh«; s. a.: *Schmäh*
antun, sich etwas	sich übermäßig engagieren; aber auch: sich ohne Grund über etwas aufregen (kalmierender Ausspruch: *Geh tua da nix o!*)
anzahn	sich beeilen, oft in dem motivationsfördernden Aufruf *Zah o!* gebraucht
anzipfen	wenig Begeisterung für etwas empfinden; *Mei Oida zipft mi o* (Mein Ehemann geht mir auf die Nerven)
Apfelkücherl, -radel, -spalten	herausgebackene Apfelscheiben, eine Süßspeise; *Apfelbutz* oder *-putzen* ist ein bis auf das Kerngehäuse gegessener Apfel
Apportl	beliebiger Gegenstand, der von einem

Hundebesitzer weit weggeschleudert wird, damit der Hund diesen sucht und zurückbringt, oft begleitet von der Aufforderung *Such 's Apportl!*

Armutschkerl bedauernswertes, armseliges Geschöpf; als Georg Danzer *So an Armutschkerl wi dir geb i kan Schüling* sang, meinte er: Wer so armselig ist wie du, erhält von mir keinen Schilling (Österreichs Geld vor dem Euro)

Arsch ein auch in Österreich sehr beliebtes Schimpfwort, das sich mit vielen Wörtern kombinieren lässt: *Arschgeige, Arschgesicht, Arschkriecher* etc.; Steigerungsform: *Arsch mit Ohren*

Asphaltbiene Prostituierte, die auf der Straße um Kunden wirbt; entspricht der deutschen »Bordsteinschwalbe«

Aufgedrehter wenn man den *Aufdrahden* hat, befindet man sich in einer schwierigen Situation

aufgeschmissen ratlos, hilflos

aufgemascherlt schön und elegant angezogen

aufhussen aufhetzen

aufpudeln sich aufregen, entrüsten

auftrennen eine Naht öffnen, etwas Gestricktes wieder auflösen

aufzwicken eine Person meist anderen Geschlechts für sich gewinnen

Auge, fades wer ein *fades Aug* hat, ist langweilig

ausdeutschen	jemanden etwas mit deutlichem Nachdruck erklären
ausfratscheln	aufdringlich und penetrant bei jemandem nachfragen
ausgehen, sich	wenn sich *wos scho ausgeht*, dann passt es, dann wird es klappen
Auslage	Schaufensterauslage
ausmalen	einen Raum innen vollständig streichen
ausputzen	reinigen; aber auch: beim Sport in einer gefährlichen Situation vor dem eigenen Tor Ball oder Puck wegschlagen
Ausreibfetzen	ein Tuch oder Lappen, mit dem der Boden gescheuert wird; wenn jemandes Aussehen mit einem solchen verglichen wird, ist dies nicht als Kompliment zu werten
äußerln	mit dem Hund spazieren gehen, der dabei sein Geschäft verrichten kann
ausrangieren	etwas, was man nicht braucht, weggeben
ausrichten	in Österreich kann man nicht nur Bilder oder Nachrichten ausrichten, sondern auch Personen, indem man hinter deren Rücken schlecht über sie redet
Autospengler	Karosserieschlosser

B

abcdefghijklmnopqrstuvwxyz

Wörter, die Sie unter B nicht finden, stehen sicher unter P

baba	freundschaftlicher Abschiedsgruß
bacherlwarm	angenehm temperiert
Backerbsen	Suppeneinlage aus Teig in Form von kleinen Kugeln
Bäckerei	Bäckerei; aber auch: süßes Backwerk
Backhendl	paniertes Hähnchen; ein *Backhendlfriedhof* ist der Bauch einer vollschlanken Person
Badewaschel	Bademeister (*salopp*)
Badhure	Prostituierte (*derb*)
Bagage	Gesindel
Bahöl	Aufregung, Lärm, Geschrei, Tumult, Wirbel (*ostösterr.*)
Ballschani	Balljunge, also Jugendliche, die am Fußballplatz die Aufgabe haben, den Ball, wenn er über die Spielbegrenzung geflogen ist, wieder ins Spiel zu bringen
Bamperletsch	kleines Kind
bamstig	wenn man beim Zahnarzt eine Spritze bekommt, dann hat man anschließend ein *bamstigs Gfüh* im Mund

Bankerl	Sitzgelegenheit; wer *a Bankerl reißt*, der stirbt; wer *am Bankerl sitzt*, fungiert als Austauschspieler bei einem Match
Bankert	schlimmes Kind (*derb*)
barabern	sich bei der Arbeit kräftig Mühe geben
Bärendreck	Lakritze
Barterl	das Lätzchen, das Kleinkindern beim Essen umgebunden wird
Bartwisch	kleiner Handbesen
Bassena	Wasserbecken auf dem Flur alter Wiener Häuser, wo der *Bassenatratsch* ausgetauscht wurde
Bauernkaviar	Sellerie
Bauerntrampel	abfällig für weibliche Person, welche aber nicht unbedingt Bäuerin von Beruf sein muss
Bazi	liebenswerter Lump, Dieb; in Wien aber auch: die Bewohner aller anderen Bundesländer
Beamtenforelle	Knackwurst
Beisel	Kneipe; Peter Alexanders Lied *Das kleine Beisel in unserer Straße …* gibt es auch für die Fans aus Deutschland: *Die kleine Kneipe in unserer Straße …*
Beistrich	Komma; aber auch: sehr dünner Mensch
Beiwagerl	Lehrer in Ausbildung, der bei seinem betreuenden Ausbildner im Unterricht mitgeht, Referendar

Bemmerl	kleine Kotform von manchen Tieren, z. B. von Hasen; wenn etwas *ka Bemmerl is*, dann ist es ein großes Problem
benzen	bitten, betteln, drängen
Beserlpark	kleiner, nicht sehr üppig ausgestatteter Park in der Stadt
betakeln	betrügen
Betthupferl	kleine Süßigkeit für Kinder vor dem Schlafengehen; aber auch: Geliebte
Beuschel	Speise aus Tierinnereien (vor allem Lunge); aber auch: menschliche Lunge (*derb*); ein *Beuschelreißer* ist eine starke Zigarette
Biegel	Schenkel, Keule von Back- oder Brathuhn
Billeteur	Platzanweiser im Theater oder Kino
Billigsdorfer	Produkt, das sehr kostengünstig, aber meist auch sehr schlecht ist
Bim	liebevolle Bezeichnung für die Straßenbahn
Bindl	Trachtenkrawatte
Binkel	Bündel, etwa in der Redewendung: *A jeda muaß sei Binkel trogn!* (Jeder Mensch muss mit seinen speziellen Schwierigkeiten fertig werden.); *a feina Binkel* ist ein vornehmer Mensch
birnen	jemanden schlagen
Bissgurn	eine eher streitsüchtige, meist ältere Frau
blad	dick

Blaukraut	s.: *Rotkraut*
Blindschleiche	Brillenträger (*scherzh.*)
Blitzgneißer	ironisch für einen, der nicht sofort alles durchschaut
bloßhappert	barfüßig
Bluatwiesn	bei der Aufforderung *Gemma auf d' Bluatwiesn* (gehen wir auf die Blutwiese) wird einem die handgreifliche Variante der Konfliktaustragung angedroht
Blunzen	Blutwurst; aber auch: dumme Frau; Letztere kann *bled* (blöd) wie *blad* sein; wenn einem etwas *Blunzen* ist, dann legt man darauf keinen besonderen Wert
Bock	Schuhe
Bockerl	Föhrenzapfen
Bosnigl	boshafter Mensch
Brauner	eine speziell zubereiteter Kaffee; *a klana Brauna mid Schlog* ist ein kleiner Espresso mit Milch und Sahnehäubchen
Brettel	kleines Brett; aber auch: Schi; wenn etwas *bretteleben* ist, dann ist es sehr flach
Brimsen	Schafkäse; im Brotaufstrich »Liptauer« muss dieser lt. Gesetz vorhanden sein, sonst darf er nicht Liptauer heißen
Bröckerlhusten	Erbrechen
brodeln	trödeln; wenn aber das Wasser *brodelt*, dann ist es kurz vor dem Kochen

brunzen	urinieren; ein *Brunzkachel* ist ein Nachttopf
Bub	Junge
Buchtel	Gebäck aus Hefeteig, meist mit Fülle (vor allem *Powidl*)
Buckel	oberer Teil des Rückens; wenn man über jemandes *Buckel rutschn* soll, dann ist dieser jemand auf einen nicht mehr gut zu sprechen; eine *Buckelkraxe* ist ein Traggestell für den Rücken
Budel	Ladentisch
Bummerl	Verlustpunkt beim Kartenspiel, besonders beim Schnapsen; im Wienerlied verewigt mit der Zeile *Ana hot imma des Bummerl, ana muaß imma valiern* (Einer hat immer das Bummerl, einer muss immer verlieren)
Bummerlsalat	Eissalat
bumpern	anklopfen, der *Bumperer* kann aber auch allgemein ein dumpfes Geräusch sein
Burenhäutl, Burenwurst	s.: *Klobasse*
Buschenschank	Heurigenlokal
Bussel	flüchtiger Kuss

Wörter, die Sie unter C nicht finden,
stehen sicher unter K

Chuzpe	Frechheit
chinque	schlecht, unbrauchbar
Coloniakübel	Abfalltonne
Corner	Eckball beim Fußball

D

Wörter, die Sie unter D nicht finden,
stehen sicher unter T

Dachtel	leichte Ohrfeige
Dädl	willensschwacher, einfältiger Mensch
dahinwursteln	ohne genaues Konzept und endgültiger Lösung weiterarbeiten (angeblich typisch österreichische Arbeitsweise)
dalkert	blöd, unbeholfen
damisch	dumm; aber auch: schwindelig
Dampf-plauderer	jemand, der viel spricht, aber eigentlich nicht wirklich viel zu sagen hat
Darmreißer	sehr saurer Wein
dasig	einheimisch; aber auch: verwirrt
Deixl	Teufel; *Pfui Deixl!* ist ein Ausruf des Grausens
Deka	Kurzform von »Dekagramm«; *10 Deka Extra* = 100 Gramm Extrawurst
delogieren	jemand wird von Amts wegen gezwungen, seinen bisherigen Wohnsitz aufzugeben
Depp, Tepp	Dummkopf; ein *Naturdepp* ist schon als Depp geboren; wenn etwas *deppensicher erklärt* wird, dann sollte es danach wirklich jeder verstehen; wird man *deppert*

	sterben gelassen, so wurde man nicht informiert; zahlt man *Deppensteuer*, so spielt man ein Glücksspiel
der-	verstärkende Vorsilbe, z. B. *derfangen* (erholen), *derpacken* (bewältigen), *derschlagen* (erschlagen)
Detschen	etwas stärkere Ohrfeige
Dillo	Dummkopf
Dioptrienotto	jemand, der stark fehlsichtig ist und eine dementsprechende Brille trägt
Dippel, Tippel, Diepel, Dübel	Beule, z. B. *Gelsendippel*
Dirndl	Kurzform von »Dirndlkleid«, Trachtengewand; aber auch: Mädchen
Dodel	blöder, etwas tollpatschiger Mensch
Dolm	dummer Kerl
Doppler	wichtige Maßeinheit beim Weinkauf; eine Flasche mit zwei Liter Wein
Drahdiwaberl	Personen oder Sachen, die hektisch in der Gegend herumschwirren
drahn	eine Nacht durchmachen
Drüberstrahrer	etwas Zusätzliches; aber auch: *Abschiedsachterl* (das wirklich letzte Glas Wein vor dem Nachhausgehen)
Dulliäh, Dullióh	alkoholisierter Zustand; das Wort kann auch als Adjektiv verwendet werden

E

Wörter, die Sie unter E nicht finden,
stehen sicher unter A oder O

Eckerlkäs	Käse in Form eines Dreiecks
eh	ohnehin, sowieso; sehr häufig gebrauchtes Füll- oder Verstärkerwort, oft auch in Wortkombinationen: *eh kloar!* (natürlich) oder *eh scho wissen*
Eierkopf	Mensch mit einer ausgeprägt ovalen Kopfform
Eierlaberl	etwas aus der Form geratener Ball
Eierpecken	Zwei Personen haben jeweils ein hart gekochtes Ei in der Hand und schlagen diese aufeinander; der, dessen Ei unbeschädigt bleibt, ist Sieger (Osterbrauch).
Eierschwammerl	Pfifferling
Eierspeis	Rührei
Eiertänzer	übervorsichtiger Mensch
Eiklar	Eiweiß
Einbrenn	Mehlschwitze
eingspritzt	betrunken
Einiraunzer	jemand, der versucht, sich durch Schmeicheleien Vorteile zu verschaffen

einkasteln	ins Gefängnis sperren; aber auch: etwas zeichnerisch mit einem Viereck umrahmen
einkochen	Vorgang um z. B. Marmelade zu erzeugen; aber auch: herumkriegen (*scherzh.*)
Einspänner	Kutsche mit einem Pferd als Zugtier; aber auch: einzelnes Frankfurter Würstchen; schwarzer Kaffee im Glas mit Sahnehäubchen
eintrankeln	jemanden betrunken machen
einweimberln	einschmeicheln
Eiskasten	Kühlschrank
Eissalon	Eisdiele
Eitrige	s.: *Käsekrainer*
Engelmacherin	Frau, die unerlaubt Abtreibungen anbietet und durchführt
entrisch	unheimlich, nicht geheuer
Erdapfel	Kartoffel; ein *Erdäpfelkäs* ist ein Aufstrich auf Basis von Kartoffeln
-erl	sehr häufig verwendete Verkleinerungsform: *Buberl*, *Mäderl*, *Hauserl* …
Erlagschein	Zahlkarte
Erzscheißerl	jüngster Spross einer größeren Familie
Extrawurst	die wohl beliebteste Wurstsorte des Landes; aber auch: Ausnahme; wenn man für jemanden *ka Extrawurst brotn* wird, dann wird man für ihn keine Ausnahme machen

fad	langweilig; s. a.: *Zipf*
Falott	Gauner
Fasche	langer weißer Verband, mit der man Verletzungen *einfascht* (umwickelt)
Faschiertes	Hackfleisch; *faschierte Laberl* oder *Fleischlaberl* sind Frikadellen, Buletten
Fasching	Fastnacht, Karneval
Fasslreiter	Mensch mit O-Beinen
fäulen	stinken; aber auch: seinen Unmut lautstark zum Ausdruck bringen
Federpennal	Etui für Schreibutensilien in der Schule (*ostösterr.*)
Feinspitz	Mensch, der nur mit dem Besten zufrieden ist (vor allem beim Essen)
Feitel	Klappmesser, einfaches Taschenmesser
fensterln	vor allem im Alpenraum gebräuchliche Art, ein Mädchen nächtens aufzusuchen, und zwar durch das Fenster
Feschak	sehr schöner, männlich aussehender Kerl
fett	übergewichtig; aber auch: stark alkoholisiert, Steigerungsstufe: *vollfett*

Fetzenschädel	Dummkopf (*derb*)
Fetzentandler	Verkäufer von Kleidern (second hand)
Fiaker	Pferdedroschke; Kutscher
Fisole	Gartenbohne, grüne Bohne
Fitschigogerln, Pfitschigogerln	Tischfußball mit Münzen und Kämmen
fixlaudon	Verflucht! (bezieht sich auf den Feldmarschall Gideon Ernst Freiherr von Laudon)
fladern	stehlen
Flankerl	sehr kleines störendes Teil, meist Staub
Flasche	Flasche; aber auch: armseliger, ungeschickter Mensch
Fleckerl	kleiner Fleck; aber auch: kleine, quadratische Teigwaren, verwendet für *Kraut-* bzw. *Schinkenfleckerln*; ein *Fleckerlteppich* ist ein Teppich aus verschiedenen Stoffteilen (auch im übertragenen Sinn)
Fleischhacker, -hauer	Metzger
Fleischtiger	jemand, der bevorzugt Fleisch verzehrt; wenn man *vom Fleisch foid* (fällt), magert man ab
Fliegenpracker	Fliegenklatsche
Flitscherl	Flittchen
Flohbeutel	Hund (*scherzh.*); aber auch: Mensch mit Ungezieferbefall; unverlässlicher Mensch

Fotzenhobel	Mundharmonika
Frankfurter	Wiener Würstchen
fratscheln	ausfragen
Fratz	ungezogenes Kind
Frauerl	Hundebesitzerin
Freunderl-wirtschaft	Günstlings- oder Vetternwirtschaft
Friedhofsjodler	Husten; ein *Friedhofsspargel* ist die Zigarette
Frießling	einer, der beim Essen nicht genug bekommen kann
Frischgefangter	jemand, der am Beginn einer neuen Berufslaufbahn steht
Frittate	nudelig geschnittene Palatschinke, eine Suppeneinlage
Frnak, Pfrnak	große Nase
Fuchtel	zänkische, herrschsüchtige Frau; wenn man *unter der Fuchtel* von jemandem steht, dann bestimmt dieser über das Leben des anderen
Fünfziger, falscher	unehrlicher Mensch
Funsen	eingebildete, zänkische Frau
fußeln	zärtliches Liebkosen mit Füßen unter dem Tisch
Fuzerl	sehr kleines Teil

G

Wörter, die Sie unter G nicht finden, stehen sicher unter K

Gabelfrühstück	Zwischenmahlzeit am Vormittag
gaberln	beim Fußball den Ball auf dem Vorderfuß aufspringen lassen
gach	schnell
gagerlgelb	ein nicht sehr vorteilhafter Gelbton
gamsig	stark sexuell erregt
Gatsch	eine breiige Masse meist aus Erde und Wasser; wenn Georg Danzer singt: *Hupf in Gatsch und schlog Wön* (Welle), *oba tua mi do net quön* (quälen), dann meint er: Tu bitte irgendetwas anderes, aber lass mich endlich in Ruhe
Gatschen	jemand, der gerne und viel über andere spricht, die gerade nicht anwesend sind
Gattinger	Unterhose
Gaudee	Spaß
Gebackener	abfällig für Homosexuellen, auch in der Kurzform: *Bachener* üblich
gefinkelt	schlau, klug
gekampelt	gekämmt; wenn sich jemand für einen Anlass nobel herrichtet, sieht er *kampelt und gschnäuzt* aus

Gelse	Stechmücke; s. a.: *Dippel*
Genierer	Schamgefühl; wenn jemand *überhaupt kan Genierer* hat, dann ist ihm nichts peinlich
Gfrast	Lumpenpack, Flegel; etwas abgeschwächt: *Gfrastsackl*
Gfrett	Ärger, Mühen; s. a.: *abfretten*
Gfrieß	Gesicht
Gfüllter	dicker Mensch
Germ	Backhefe; vor allem Süßspeisen werden damit zubereitet: *Germknödel*, *Germstriezel* etc.
Geröstete	Bratkartoffeln
Gerstel	Graupe (eine Getreidesorte); aber auch: Geld
geschasst	hinausgeschmissen
geschert	geschoren; mit *Gscherde* bezeichnen Wiener die bäuerliche Bevölkerung (leibeigene Bauern waren früher verpflichtet, kurzes Haar zu tragen)
Geschichte	Geschichte; aber auch: Ereignis, Erlebnis; eine *bsoffene Gschicht* ist eine eher kurzzeitige Beziehung, die in alkoholisiertem Zustand eingegangen wurde
Geselchtes	geräuchertes Schweinefleisch
gespritzt	wird ein Getränk mit Soda- oder Mineralwasser verdünnt, dann ist es *g'spritzt*
Gespritzter	Wein mit Sodawasser verdünnt, Wein-

	schorle; aber auch: Kaffee mit Rum oder Cognac
gestopft	reich
Gewandlaus	unangenehm aufdringlicher Mensch
Gewurl	Durcheinander
Gifthäferl	jemand, der sehr schnell die Beherrschung verliert
Giftler	Rauschgiftsüchtiger
Gitschen	Mädchen
Glatzenscherer	Friseur
Glump, Glumpert	wertlose Gegenstände
Gnädigste	(höfliche, manchmal auch spöttische) Anrede einer Dame
Godel	Taufpate
Goderlkratzer	jemand, der durch übertriebene Höflichkeit versucht, sich Vorteile zu verschaffen (wörtlich übersetzt: jemand, der eine andere Person am Unterkinn streichelt)
Goiserer	Einwohner von Bad Goisern in Oberösterreich; aber auch: spezieller Bergschuh
Golatsche	Süßgebäck, das meist aus Blätterteig und Topfen besteht
Goscherl	süßliche Bezeichnung für Mund; wer aber *goschert* ist, ist vorlaut
Gössermuskel	Bierbauch (benannt nach dem Gösser-Bier)

Graffel, Graffelwerk	Gerümpel; unnützes, altes Zeug
Grammel	Griebe; aber auch: Prostituierte; Zuhälter nennt man daher auch *Grammeltreiber*
grantig	übel gelaunt; ein *Grantscherben* ist stets grantiger Mensch
Grätzel	Wohnviertel
graupert	nicht wirklich perfekt gestylt
grauslich	hässlich, unangenehm
Greißler	der kleine Laden um die Ecke, Tante-Emma-Laden
Grenadiermarsch	sehr nahrhafte Speise aus zerkleinerten Kartoffeln, Teigwaren und Fleisch
Grießkoch	Grießbrei
Grießnockerlsuppe	Suppe mit Klößchen aus Grieß
Grippelgspiel	sehr magerer Mensch
Griss	großer Andrang, Nachfrage
Großkopferte	Personen, die viel Einfluss haben, v. a. Politiker
Gröstl	Speise in unterschiedlichster Zusammensetzung, z. B.: *Tiroler Gröstl* (Kartoffel und Fleischstückchen), *Blunzengröstl* (Blutwurst und Kartoffel)
Geschaftlhuber	Wichtigtuer
Gschisdigschasti	unnötiges Zeug

Gschloder	Getränk, das nicht perfekt mundet
Gschropp	Kind
Gsiberger	Vorarlberger (diese seltsamen Österreicher sagen statt »gewesen« »gsi«)
Gspaßlaberln	weibliche Brüste
Gspusi	Liebesverhältnis
Gstanzl	volkstümliches Lied
Gstätten	Grundstück, das noch keinen wirklichen Zweck hat
Gsteaml	kleiner Menschen
Guckerschecken	Sommersprossen
Guckerln	Augen
Guglhupf	Napfkuchen; aber auch: Irrenanstalt
Gummiadler	Brat- oder Suppenhuhn
Gurkerl, gefülltes	schwangere Frau
Gustostückerl	ein ganz besonderes Stück
Gwirkst	eine eher verzwickte und komplizierte Angelegenheit

H

Habe die Ehre ein schon aus der Mode gekommener Gruß; aber auch: Ausruf des Erstaunens

Haberer Lebensgefährte, Freund, Kumpel; in Wien gilt die Faustregel: *A Kiwara is ka Hawara* (ein Polizist ist kein Freund; s. a.: *Kiberer*)

habern essen

Hachel Küchenhobel

Hacke Beil, Axt

hackeln arbeiten (*salopp*); wenn man eine Arbeit hat, so geht man in die *Hockn*, ist man arbeitslos, so ist man *hocknstaad*

Hackl kleine Axt; wenn man jemandem das *Hackl ins Kreuz haut*, dann schadet man ihm (z. B. durch eine Intrige)

Haderlump Flegel, leichtfertiger Mensch

Hadern alte Stoffreste, Putztuch; aber auch: Musikstück älteren Datums (ein klassischer *Hadern* ist *Satisfaction* von den Rolling Stones)

Häfen Kochtopf; aber auch: Gefängnis; daher ist der *Häfenbruder* ein Häftling

Häferl	Tasse; aber auch: Pokal; wird ein Mensch so genannt, so ist er eine jähzornige Person; ein *Häferlgucker* ist einer, der beim Kochen gerne zusieht
Hafner	Ofensetzer, Töpfer
Haftel	Häkchen und Öse zum Zusammenhalten von Kleidungsstücken; wenn man aufpasst wie ein *Haftelmacher*, dann schaut man auf jedes Detail, ist sehr vorsichtig
häkeln, hekeln	necken
Halawachel	Dummkopf
Hallimasch	ein Pilz; aber auch: buntes Treiben
Hallodri	ein Mensch, der sehr leichtfertig in den Tag hineinlebt
halt	ein Füllwort, das unterschiedlichst gebraucht werden kann: als Verstärkung, als resignierender Ausdruck, z. B. *Da kann man halt nichts machen …*
Handkuss	damit begrüßen vornehme Herren ebensolche Damen (heute praktisch ausgestorben); wenn man *zum Handkuss kommt*, dann muss man eine Sache übernehmen, von der man nicht sehr begeistert ist
Hangerl	Kleiderbügel; aber auch: Geschirrtuch
Hansl	abgestandener, nicht mehr wohlschmeckender Rest eines Biers
Hantige	unfreundliche, kurz angebundene Personen, meist Frauen
Haße	s.: *Klobasse*

Hapfen	Bett; wenn man schlafen geht, *haut ma sie in d' Hapfen*
Hapl	Kopf; aber auch: *Häuptel* (Salat)
Hascherl	unbeholfener Mensch, meist Kind oder Frau
hatschen	müde, hinkend gehen; wenn ein *Vergleich hatscht*, dann ist er nicht sehr passend; ein *Hatscher* ist ein langer Fußmarsch
Haue	Gerät zur Bearbeitung des Bodens
Hauer	Winzer; ein *Hauerwein* ist ein Wein, der direkt vom Winzer gekauft wird
Häuptel	oberster Teil oder auch Kopf einer Gemüsepflanze
Hausbesorger	Hauswart
Hausdätschen	Ohrfeige (*scherzhaft*)
Häusel	Einfamilienhaus; aber auch: Toilette
Hausmeister	Hauswart; aber auch: Person mit nicht allzu vielen Fähigkeiten
Havarie	ein Schaden bei einem Auto, aber auch das total beschädigte Auto selbst
Haxel	Bein; wenn man jemanden ein *Haxel* stellt, so bringt man ihn (real oder übertragen) zu Fall
Heckenklescher	sehr herber Wein
heimdrehen	jemanden umbringen
Hendel	sowohl das lebende als auch das essfertig gebratene Huhn; wenn man herumläuft wie ein *blindes Hendel*, so übersieht man etwas Wesentliches

Herzbinkerl	Lieblingskind, Liebling
Herzkasperl	Herzinfarkt
Hetschepetsch, Hetscherl	Hagebutte
Hetz	Spaß, gute Unterhaltung
Heugeige	Heuharfe; aber auch: langes, dürres Mädchen
Heuharfe, -reiter	Gestell, auf dem das Heu trocknen kann
Heurige	traditionell durch einen Föhrenbuschen gekennzeichnetes Lokal in und um Wien, in dem der *Heurige* (neuer Wein) ausgeschenkt wird; aber auch: Frühkartoffeln
Hieb	Bezirk (*salopp*); wenn jemand *an Hieb hot*, dann hat er nicht mehr alle Tassen im Schrank
Hiefler	Dummkopf
Himmelfix-nocheinmal!	Ausruf der Verzweiflung oder Verärgerung
Hintertupfing	wenn etwas weit weg vom Schuss, abseits liegt, dann liegt es in *Hintertupfing*
Hintertürl	wer sich ein *Hintertürl offen* lässt, der hat für den Notfall vorgesorgt, hat noch einen Ausweg
Hirnederl	Mensch mit eher bescheidenem Intelligenzquotient
Hobel	wenn man jemanden zum *Hobelausblasen* auffordert, so sagt man ihm das Götz-Zitat

Hochschau-bahn	Achterbahn
hockerln	in der Hocke verharren
Hofrat	einer der vielen Titel in Österreich, die eher eine Alterserscheinung denn eine Auszeichnung sind
Holler	Holunder; aber auch: Unsinn; ein *Hollerkoch* ist der Holunder in Form eines Kompotts mit *Zwetschken*
Holzpyjama	Sarg
hoppertatschig	ungeschickt
Hosenbrunzer, Hosenscheißer	ein ängstlicher Mensch
Hosentürl	Hosenschlitz; mit *H2O* weist man freundlich darauf hin, dass das *H*osentürl 2 Zentimeter *o*ffen ist
Hubertusmantel	grüner Lodenmantel
hudeln	beeilen; in Österreich, vor allem in Wien, kommt es hauptsächlich in der Aufforderung *Nur net hudeln!* vor
Hugo	wenn etwas *fürn Hugo* ist, dann ist es unnotwendig, umsonst
Hülse	eine Dose Bier (*derb*)
Hundstrümmerl	Hundekot
Hutsche	Schaukel

I/J

ignorieren	in Österreich vor allem in dem Ausspruch *Ned amoi ignorieren ...* (nicht einmal ignorieren) verwendet: etwas Ärgerlichem wird keine Beachtung geschenkt
Inspektor	die übliche Anrede für Polizisten
Intriganten-stadel	In Anlehnung an die Fernseh-Show »Musikantenstadel« bezeichnet man damit eine Gruppe von intriganten Menschen
i-Tüpferl-Reiter	jemand, der alles ganz genau nimmt
Jagersaftl	Kräuterschnaps
Jagertee	Getränk aus Tee und Schnaps, das vor allem auf Schihütten zum Aufwärmen konsumiert wird
Janker	dicke Weste; nicht ganz so dick ist das *Jankerl*
Jänner	Januar
Jaukerl	Injektion, Spritze
Jause	Zwischenmahlzeit, vor allem am Nachmittag mit Kaffee und Kuchen

Jausengegner	ein Gegner, der ohne große Mühe besiegt werden kann
Jessas!, Jessas na!	Ausruf des Entsetzens
Jessasmarand-josef!	Jesus, Maria und Josef werden in einem Atemzug angerufen, da in der eingetretenen Notsituation nur mehr alle drei zugleich helfen können
Jö!	Ausruf der Freude
Jogel, Jockel	Bauer (*spöttisch*)
Journaldienst	Bereitschaftsdienst
Jungfernbraten	Lungenbraten vom Schwein oder Kalb
justament	jetzt erst recht
Jux	Spaß, den man sich erlaubt

K

abcdefghij**k**lmnopqrstuvwxyz

Wörter, die Sie unter K nicht finden,
stehen sicher unter G

Kabinett	kleines Zimmer mit nur einem Fenster, wird bei offiziellen Zimmerzählungen als halber Raum gewertet; die typische Wohnungseinheit war früher »Zimmer, Kuchl, Kabinett«
Kaiserfleisch	geräuchertes Bauchfleisch
Kaiser-schmarren	eine Süßspeise; s. a.: *Schmarren*
Kaleschen	Kutsche
Kaminkehrer	Schornsteinfeger
Kammerl	kleines Zimmer
Kampel	Kamm
Kanari	Kanarienvogel; ein *Kanarihändler* ist ein Gerichtsvollzieher (*scherzh.*)
Kapazunder	hervorragende Fachkraft, Könner
Kaprize	Laune; ein *Kaprizenschädel* ist ein Dickkopf
Karfiol	Blumenkohl
Karl	wenn man *an Korl* hat, so hat man viel Spaß
Karniese	Gardinenleiste

karnifeln	jemanden ärgern, unterdrücken, quälen
Karotte	Möhre
Kartentippler	Kartenspieler
Käsekrainer	mit Käsewürfeln gespickte Grillwurst, wird derb auch als *Eitrige* bezeichnet
Kaslaberl	sehr blasser Mensch (*scherzh.*)
Kasnocken	Käsespätzle
Kasnudel, Käsenudeln	in Fett gebackene gefüllte Teigwaren
Kaszettel	ein unbedeutender Zettel, auf dem man sich schnell etwas notiert
Kassa	Kasse z. B. im Supermarkt
Kasten	Schrank
Katz	ein schönes Mädchen (*salopp*)
Katzelmacher	spöttisch für Italiener
kehren	fegen
Keifzange	Bezeichnung für eine Frau, die sehr gerne nörgelt
Kelch	ein Gefäß; aber auch: Kohl; außerdem Bezeichnung für einen handfesten Streit: *Wüst an Köch?* (Willst du Streit?)
Kellerassel	jemand, der nur zu Hause sitzt; aber auch: ungepflegter Mensch
keppeln	schimpfend nörgeln; ein *Keppelweib* ist also eine Frau, die an fast allem etwas auszusetzen hat
Kerzelschlucker	bigotter Mensch

Keusche	kleines Bauernhaus; aber auch: baufälliges Haus
Kiberer, Kieberer	Polizist; s. a.: *Haberer*
Kickerl	vergnügliches Fußballspiel
kiefeln	an etwas kauen; aber auch: über ein Problem nachdenken
Kinderverzahrer	Kinderschänder
Kipfel	naiver, dummer Mensch
Kipferl	Hörnchen; sehr beliebtes gebogenes, unterschiedlichst zubereitetes Gebäck
Kirtag	Kirchweihfest; wenn man mit *einem Arsch auf mehreren Kirtagen* sein möchte, dann hat man den Drang, überall dabei zu sein
Kittel	Schürze, Rock; wenn ein Kind dauernd an der *Kittelfalte* hängt, dann ist es überdurchschnittlich mutterbezogen
Klampfen	Gitarre
Klamsch	wer einen *Klamsch* hat, hat nicht mehr alle Sinne beisammen
klass	toll; vor allem in der Redewendung: *Des is klass!*
klauben	z. B. Obst aufsammeln oder pflücken
Klebeln	Finger (*abwertend*); z. B. als Ermahnung: *Wos host denn do scho wieda zwischen de Klebeln?* (Was hältst du jetzt schon wieder in deinen Händen?)

Kletze	Dörrbirne
kletzeln	an etwas kratzen, zupfen
Klobasse	grobe Wurst, die entweder im Wasser gekocht wird, aber auch abgebraten werden kann; die typische Speise am *Würstelstand* ist auch als *Haße*, *Burenwurst* oder *Burenhäutel* bekannt
Klomuschel	Toilettenschüssel
Kluft	Gesamterscheinungsbild des Gewandes, das ein Mensch anhat
Kluppe	Wäscheklammer
Knacker	eine dicke Wurstsorte; ein *alter Knacker* ist aber ein alter Mann
Knierer	ein Mensch, der versucht, mit einschmeichelnden Worten und Taten gegenüber Vorgesetzten zu punkten
Knochen, harter	jemand, der nur schwer von seiner Meinung abzubringen ist
Knödel	Kloß; gibt es in süßer, aber auch pikanter Form: *Semmelknödel, Erdäpfelknödel, Speckknödel, Marillenknödel* etc.; wenn man einen *Knödel im Hals* stecken hat, kann man vor Nervosität kaum etwas sagen; eine *Knödelakademie* ist eine Lehranstalt für wirtschaftliche Frauenberufe (*scherzh.*)
Knofel	Knoblauch
knotzen	sehr bequem sitzen, lümmeln
Koffer	Trottel

Kohlsprosse	Röschen des Rosenkohls
kommod	bequem, angenehm
Köpfler	der Sprung ins Wasser mit dem Kopf voraus; beim Fußball die Weiterleitung des Balles mit Hilfe des Kopfes
Körberlgeld	Einkommen, das man sich nebenbei holt
Körndl	Verkleinerungsform von Korn; der Bauer, der vor allem vom Getreideanbau lebt, ist der *Körndlbauer*; einer, der sich sehr gesundheitsbewusst ernährt, ist ein *Körndlfresser*
Krachen	Schusswaffe
Kracherl	Limonade, sehr häufig in der Geschmacksrichtung Himbeere
Krachlederne	Lederhose, die zum Schuhplatteln (einem ländlichen Tanz) angezogen wird
Kraftlackel	sehr starker und kräftiger Kerl, aber meist etwas einfältig
Krampen	Spitzhacke
Krampus	der Begleiter des Nikolaus, eine Art Teufel, Knecht Ruprecht
Kramuri	kleine, meist nicht mehr benötigte Dinge unterschiedlichster Art
Kranewet, Kranewit	Wacholder
Krapfen	Hefegebäck, meist mit *Marillenmarmelade* gefüllt, die es vor allem in der Faschingszeit gibt

Krätzen	eine enervierende, aber listige Person; aber auch: Hautunreinheiten von Akne bis Schorfablagerungen
Kraut	Kohl; wenn etwas *das Kraut auch nicht mehr fett* macht, dann hilft nichts mehr; s. a.: *Fleckerl*; ein *Krautwickel* ist eine Krautroulade; ein *Krautwachter* ist ein Mensch, der eigentlich keine Aufgabe mehr hat
Krawallschani	ein Mensch, der ständig Lärm macht
Krawattl	Krawatte; wenn man jemanden *am Krawattl hat*, so hat man ihn erwischt und packt ihn am Kragen
Kraxe, Kraxen	unleserliche Schrift; aber auch: uraltes Auto; s. a.: *Buckel*
kraxeln	klettern
Kren	Meerrettich; wenn etwas *zum Krenreiben* ist, so handelt es sich um einen ärgerlichen Umstand; wenn jemand überall seinen *Kren dazugibt*, so gibt er zu allem auch ungefragt seine Meinung ab; ein *Krenfleisch* ist ein spezielles Gericht aus Schweinefleisch
Krepierl	sehr dünner gebrechlicher Mensch, vor allem Mann
Krickel, Krickerl	Horn der Gämse, Geweih des Rehs
Krispindel	sehr dünner Mensch
Krot	Kröte; wenn man *eine Krot schlucken*

	bzw. *fressen* muss, dann muss man eine unangenehme Sache auf sich nehmen
Krügerl	ein halber Liter Bier; wenn's *30 Krügerl im Schatten* hat, dann sind 30 Grad Celsius gemeint
Kuckuck	wenn der *Kuckuck* wo *pickt*, so hat der Gerichtsvollzieher seine Plakette, auf der der österreichische Bundesadler abgebildet ist, angebracht und damit den Gegenstand beschlagnahmt
kudern	lachen
Kukuruz	Mais
Kummerer, Kummerl	Kommunist (*spöttisch*)
Kundmachung	Bekanntmachung
Kuttenbrunzer	Mönch, Pfarrer oder sonstige Geistliche

Laberl	Laibchen; kann sowohl ein rundes Gebäck wie einen unrunden Fußball meinen
Lacke	Pfütze
Lackel	großer, kräftiger Kerl
Lackerl	der Getränkerest, der in einem Glas übrig bleibt
Lahmlackel	Mensch, der sehr träge agiert
Lamperl	kleines, ganz junges Lamm; wenn man zittert wie ein *Lamperlschwaf* (-schweif), dann hat man Angst
Latsch	gutmütiger Mensch
laufen	wenn man in Österreich läuft, so rennt man, doch in Deutschland geht man ganz einfach nur eine gewisse Strecke zu Fuß
Lausallee	Scheitel
Lauser	kleiner, ungezogener, aber lieber *Bub*
Lavoir	kleines Gefäß, in dem man Wasser z. B. für ein Fußbad einlassen kann
Leberkäse	Fleischspeise aus feinem Rind-, Schweine- oder Pferdefleisch

Leberknödel	Suppeneinlage aus geriebener Leber
Lebzelten	Lebkuchen
Leibchen, Leiberl	Unterhemd oder T-Shirt; wenn man *kein Leiberl hat*, dann hat man keine Chance
Leich, schöne	ein sehr schönes Begräbnis
Lepschi	wenn man *auf Lepschi geht*, dann treibt man sich zwanglos herum
Lercherl	harmloser Mensch; ein *Lercherlschaas* ist ein Ereignis von geringer Bedeutung
letschert	müde, abgeschlagen; wenn eine *Semmel scho letschert* ist, dann ist sie bereits weich und zäh
luckert	löchrig; wenn jemand *zahnluckert* ist, so fehlt ihm ein Zahn
Lullatsch	groß gewachsener Mann
Lungenbraten	Filet, Lendenbraten
Lurch	größere Staubknäuel

M

madig	von Made (Insektenlarve); wenn man etwas *modig mocht*, dann stellt man es schlecht dar, verleumdet es
Madl, Mäderl	Mädchen
magerln	ärgern (*ostösterr.*)
Malefizkerl	Teufelskerl, Draufgänger
malochen	hart arbeiten
Malter	Mörtel; die korrekte Aussprache liegt zwischen *Möter* und *Meuter*
Mamlas	ein geistesabwesender Mensch
mampfen	hastig, mit ständig vollem Mund essen
Manderl	Männchen; oft in der Aufforderung: *Moch ka Manderl!* (i. S. v.: Mach keinen Aufstand, leiste keinen Widerstand)
Manschetten-baron	Geck, allzu modebewusster Mann
Marandjosef	ein auf die leibliche Mutter und den angeblichen Stiefvater Jesu zurückgehender Ausruf des Erstaunens
Märchenonkel, -tante	Menschen, die es beim Erzählen mit der Wahrheit nicht ganz so genau nehmen

Marie	Geld; Räuber sagen angeblich *Hea mid da Marie! Rüwa mim Süwa!* (Her mit dem Geld, (schieb) das Silber herüber!)
Marille	Aprikose
markieren	kennzeichnen; aber auch: kunstvolles Vortäuschen von Unpässlichkeit
Marktfahrer	Wanderhändler
Marmelade-bruder	ab 1938 gebräuchlicher Spott für Reichsdeutsche, da diese angeblich die Marmelade als Brotaufstrich ganz besonders mögen; in Wien auch *Marmeladinger*
marod	leicht krank, geschwächt
Maronibrater	Händler, der in der kalten Jahreszeit heiße Edelkastanien auf der Straße verkauft
Marterl	im katholischen Österreich steht bei praktisch jeder Straßenkreuzung ein Bildstock bzw. eine Tafel zur Verehrung der Heiligen bzw. zur Erinnerung an Straßenverkehrsopfer
Martinigansl	Gans, die extra zu Ehren des heiligen Martin vorzugsweise zusammen mit *Rotkraut* und *Knödel* gegessen wird; aber auch: dummes Frauenzimmer
Märzveigerl, -veilchen	jene Österreicher, die nach dem Einmarsch der deutschen Armee im März 1938 plötzlich aufblühten und immer schon brave Nazis waren
Masche	Schleife, Schlinge; aber auch: Trick
Mascherl	»Fliege«, jene querstehende, steife

	Schleife, die manche Männer statt einer Krawatte tragen
Maschek-, Maschikseite	Rückseite, Schattenseite; wenn jemand *von da Maschikseitn* kommt, kommt er von hinten herum
Masel, Masn	Glück (*jidd.*); wird meist mit langem »a« ausgesprochen: *dea hod a Maasl* (der hat ein Glück)
Mastdarm-akrobat	Arschkriecher; s. a.: *Arsch*
Matratze	Frau, die sich vorzugsweise außerhalb der eigenen Ehe unter Männer legt (*derb*)
matsch	erschöpft
matschkern	maulen, schimpfen, nörgeln (*ostösterr.*)
Matura	Reifeprüfung, Abitur
mauern	abwehren; jemandem die Mauer machen
Maulschlosser	Zahnarzt (*scherzh.*)
Maurerklavier	Ziehharmonika (*scherzh.*)
Maus	Mädchen; wenn es eine *weiße Maus* ist, dann ist der weiß bemützte Verkehrspolizist gemeint
mauscheln	etwas heimlich vereinbaren, »packeln«
Mausdreck	meist kleiner Mensch, der sich groß gibt; Steigerungsform mit »aufgestellt«: *aufgstööda Mausdreck*
Mausmelker	pedantischer Mensch
Maut	Gebühr für Straßen- und Brückenbenüt-

	zung; wenn man die *Brenner-Maut brennt*, dann bezahlt man die Staßenbenützungsgebühr auf der Brenner-Autobahn in Tirol
Mehlspeise	Süßspeise, Kuchen; der *Mehlspeistiger* ist die Naschkatze
Melange	Milchkaffee
Melanzani	Melanzane, Aubergine
Melkkuh	Steuerzahler (*scherzh.*)
memmeln	ohne Zähne hartes Brot kauen; aber auch: murmeln, undeutlich sprechen
Mensch	Mädchen (oft *abwertend*)
meschugge	leicht verrückt
Michel, grader	*A groda Michel* ist einer, der unverblümt seine Meinung sagt
Millirahm-strudel	Milchrahmstrudel
mir san mir	wörtlich: wir sind wir; i. S. v. Wir sind etwas ganz Besonderes
Mischkulanz	Durcheinander, Gemisch
Mist	Kehricht, Schmutz; als Schimpfwort in praktisch allen Variationen in Verwendung: *Mistkäfa*, *Mistpracka, Mistvieh* etc.; ein *Mistkübel* ist ein Abfalleimer; in Wien ist *Mistkübla* auch die scherzhafte Bezeichnung für Mitarbeiter der städtischen Müllabfuhr; ein *Miststierler* hingegen ist ein Obdachloser, der im Abfall herumstochert

Momenterl	ein kurzer Moment, Augenblick; oft i. S. v. »nicht so schnell!«
Mord-, Mords-, Mörder-	Steigerungsform für praktisch alle Hauptwörter: *Mordsduaschd* (großer Durst), *Möadahoos* (Mörderhase = schöne Frau) etc.
Most	Obstsaft, nach dem der niederösterreichische Landstrich Mostviertel und der *Mostschädl* (Schimpfwort für Oberösterreicher) benannt ist; zumeist versteht man darunter einen alkoholischen Obstsaft, regional kann auch ein unvergorener Obstsaft damit gemeint sein
muffeln	unangenehm, nach Schimmel riechen; aber auch: übel gelaunt sein
Mugel	Hügel; ein *Muglrausch* ist hingegen ein Rausch von weniger hügeligen als vielmehr gebirgsmäßigen Dimensionen
Mulatschag	Besäufnis, ausgelassenes Fest (*ostösterr.*)
Mundl	Kurzform von Edmund und Raimund; nicht zu verwechseln mit dem salzburgischen *Mundel*, was »beschränkte Person« bedeutet
Murkser	einer, der herummurkst, schlecht arbeitet
Musi	Musik, Musikkapelle; oft in der Aufforderung: *An Litta füa d'Musi!* (Einen Liter Wein als Spende für die Musikkapelle!)

N

naa	nein
nachsteigen	man/n steigt einem Mädchen nach, wenn man/n um seine Gunst wirbt
Nachtkastlladl	Lade des Nachtschränkchens
Nachtwächter	langweiliger, langsamer, begriffsstutziger Mensch
Nachzipf	Nach-, Wiederholungsprüfung; s. a.: *Zapf*
nachzotteln	schwerfällig hinter jemandem nachlaufen
nackert	nackt; ein *Nackerbatzl* ist ein nacktes Kind, ein *geistiges Nackerbatzl* ist ein dummer Mensch
Naderer	Spitzel, Verräter
napfetzen	schlummern, leicht schlafen
Narrenkastl	wenn man *ins Noarnkastl schaut*, blickt man ziel- und gedankenlos vor sich hin
Nasenramml	Nasenpopel
Neapolitaner	gefüllte Waffel, eine spezielle Süßigkeit
nebbich	abwertend i. S. v. »was hat das schon zu bedeuten« (*jidd.*)
Neidhammel	missgünstiger, neiderfüllter Mensch

Nerverl	nervöser Mensch
Nestscheißerl	das Lieblingskind der Eltern
niederbügeln	niedermachen, einschüchtern
Nierndl	die Niere als Speise, meist geröstet
Nigel	widerspenstiger Kerl, s. a.: *Bosnigl, schweinigln*
Nikolo	Nikolaus
Nipf	Mut, Energie; wenn man jemandem *den Nipf nimmt*, so entmutigt man ihn
Nockerl	Teigstücke als Suppeneinlage, Spätzle, Klößchen; scherzhaft auch für »dummes Mädchen«, weshalb ein *Nockerlaquarium* kein Fischbehälter für Teigstücke, sondern eine Mädchenschule ist; *Salzburger Nockerl* wiederum sind eine Süßspeise
no na ned	nun nein nicht, i. S. v. selbstverständlich, was denn sonst?!
notig	arm; geizig, schäbig; *a noodiga Kerl* ist ein geiziger Mensch
Notnagel	Lückenbüßer
Nudel	Teigware; aber auch: Penis (*scherzh.*); ein *Nudlaug* ist ebenso ein dummer Mensch wie ein *Nudldrucker*; ein *Nudelwalker* hingegen ist ein Nudelholz, eine Teigrolle
nudeln	herzen, kosen; wenn aber jemand *herumnudelt*, dann arbeitet oder spielt er schlecht; und eine Schraube soll man nicht *abnudeln*
Nullerl	Mensch, der nicht beachtet wird

O

Wörter, die Sie unter O nicht finden, stehen sicher unter A oder E

Ober	Zahlkellner
Ober-	Wortzusatz zur Steigerung von so ziemlich allem: *Obertrottel, Obergauner, Oberlehrer, Obergscheiter* etc.
Obers	s.: *Rahm*; ein *Oberskren* ist eine kalte Sauce aus Sahne/Rahm und Meerrettich
Ochsenschlepp-suppe	Ochsenschwanzsuppe
öha	hoppla, Ausruf des Erstaunens
Öl	Öl; wenn aber jemand *im Öh* ist, dann ist er schwer betrunken
Ofenhocker	jemand, der lieber zu Hause bleibt
Ohr	Ohr; das *Ohrlapperl* ist das Ohrläppchen, während das *Ohrwaschl* das Ohr selbst wie auch die Ohrmuschel ist; ein *Ohrwaschlkaktus* ist jemand mit abstehenden Ohren; der *Ohrenschliefer* ist der Ohrwurm
Omama/Opapa	Großmutter/-vater
Orange	Apfelsine
Outwachler	Linienrichter beim Fußball (s.: *wacheln*)

P

Wörter, die Sie unter P nicht finden, stehen sicher unter B

Packelei	fauler Kompromiss, heimliche Übereinkunft
Packeln	Fußballschuhe
Packelrass	Gesindel
Pafese, Pofese	gebackene Weißbrotschnitte
paff	verblüfft
pakschierlich	niedlich, herzig
Palatschinke	dünner, mit süßen, sauren, vegetarischen oder fleischlichen Köstlichkeiten gefüllter Eier-/Pfannkuchen
Palaver	endloses Gerede
Pallawatsch	Blödsinn, Durcheinander (*ostösterr.*)
pampfen	mit vollem Mund essen
Panadelsuppe	ein zur Suppe verfeinerter Semmelbrei
Panier	die aus Mehl, Ei und Semmelbrösel gemischte Hülle bei manchen Speisen (z. B. beim Wiener Schnitzel); in Wien auch: Kleidung, Mantel
pantschen, panschen	mischen, verfälschen

Pantscherl	Flirt, Liebschaft
papierln	hintergehen, betrügen
Pappen	Mund; bei der Aufforderung *Hoid de Pappm* soll man den Mund halten; ein *Pappenschlosser* ist ein Zahnarzt. Merksatz: *Der Stadtrat von Radstadt wirft dem Postfräulein mit den Frostbeulen die Postmappe in die Mostpappe.*
Pappendeckel	Pappkarton; Bieruntersetzer
Papperl	Brei (für Kinder); aber auch: Essen (*scherzh.*)
Paradeiser	Tomate
parterre	ebenerdig; aber auch: völlig erschöpft
Partezettel	Todesanzeige
Partie	u. a.: für eine bestimmte Aufgabe zusammengestellte Gruppe von Arbeitern
paschen	klatschen
Patschachter	ein gutwilliger, aber unbeholfener Mensch
Patschen	Pantoffel, Hausschuhe; wenn man die *Botschn streckt* oder *aufstöd*, dann stirbt man; wenn man *an Botschn hot*, dann hat man einen Reifendefekt; wenn man *Botschnkino schaut*, dann sieht man zu Hause fern
Patscherl	unbeholfenes Kind
patschert	ungeschickt

Patzen	Klecks; *a Botzn Göd* ist ziemlich viel Geld
Patzerei	Kleckserei
patzig	klebrig; aber auch: frech, überheblich
patzweich	sehr weich
Pawlatsche	baufälliges Haus; aber auch: kleine Bretterbühne; offener Gang an der Hofseite eines Hauses
pecken	picken, hacken; s. a.: *Eierpecken*
Pecker	wer *an Pecker* hat, ist etwas dumm
pempern	eine klopfende Arbeit verrichten; aber auch: koitieren (*derb*)
Pennal	s.: *Federpennal*
Pensionist	Ruheständler
Pepi	Koseform zu Josef oder Josefine; aber auch: Haarteil, Perücke (*scherzh.*)
Perfektion	Tanzstunde für Fortgeschrittene; Gerhard Bronners legendärer »gschupfter Ferdl« besuchte z. B. so eine Veranstaltung
perlustrieren	anhalten und genau durchsuchen (meist erfolgt das durch die Polizei)
Petersil	die deutsche Petersilie ist in Österreich *da Bedasü* und damit männlich
petschiert	ruiniert, in einer peinlichen Situation
Pfandl	kleine Pfanne; in Wien auch Kurzform für Pfandleihanstalt

pfauchen	fauchen
Pfefferoni	Peperoni
pfiat di	Kurzform zu dem Abschiedsgruß »Behüte dich Gott«
Pfitschigogerln	s.: *Fitschigogerln*
pflanzen	zum Narren halten; wenn jemand *sei Großmuata pflanzn soi*, dann soll er einen nicht für dumm halten
Pfrnak	s.: *Frnak*
pfuschen	unbefugt arbeiten
picken	kleben, ankleben, haften; wenn man im Wirtshaus oder bei einer Frau/einem Mann *picken bleibt*, dann konnte man einfach nicht weg; wenn man *Sackln pickn* muss, dann verrichtet man als Häftling im Gefängnis langweilige Arbeit; wenn man jemandem *ane pickt*, dann gibt man ihm eine Ohrfeige; ein *Sesselpicker* ist einer, der seine Machtposition nicht räumen mag
Pickerl	Klebeetikette; aber auch: amtlicher Aufkleber, der z. B. die Fahrtüchtigkeit eines Autos bescheinigt; Vignette
picksüß	sehr süß; das *picksiaße Hölzl* ist die Piccoloflöte bzw. Sopranklarinette
Piefke	abwertende Bezeichnung für Deutsche, vor allem in Gestalt von lautstark auftretenden Touristen oder ehemaligen Burgtheaterdirektoren; Steigerungsform: *Piefkinese*

Pik	»Farbe« im Kartenspiel; aber auch: Groll
Pimperlbahn	unbedeutende Bahnlinie
Pimpf	kleiner *Bub*
Pipe	Fass- oder Wasserhahn; eine *Rotzpipn* ist ein Lausbub
Piperl	Kücken
piperln	oft und gerne Wein trinken
pischen	urinieren
Plache	Plane
Platte	(Gangster-)Bande
plauschen	plaudern; aber auch: übertreiben
plaazen	laut weinen, schreien (*ostösterr.*)
pledern	sausen, sich laut und schnell bewegen
Pletschen	Gemüseblatt; aber auch: großes Stück, Fleck
plodern	(auf)bauschen, z. B. ein plodernder Ärmel (*ostösterr.*)
Plutzer	Kürbis; aber auch: großer Kopf; Steingutflasche bzw. großer Fehler
pölzen	stützen
Pofel	Schund, etwas Minderwertiges
Polenta	Maisgries
Polster	Kissen
Pomerantsche	Orange; aber auch: einfältige Frau

Porree	Lauch
Postler	Mitarbeiter der Post
Powidl	Pflaumenmus; wenn jemandem *wos Powidl is*, dann ist es ihm egal; mit *Powidl* füllt man (vor allem in Wien) *Knödel*, *Golatschen* und *Tatschkerln*
pracken	schlagen; ein *Pracker* ist sowohl ein Schlag wie auch ein Teppichklopfer, aber auch ein Wanderhändler; s. a.: *Fliegenpracker*
präpotent	überheblich, aufdringlich
pragmatisieren	auf Dauer fest anstellen
Pratzel	Pfote
pressieren, pressant	eilig, dringend
pritscheln	planschen, plätschern
Professor	in Österreich sind auch fest angestellte Lehrer an höheren Schulen schon Professoren, auch wenn sie eigentlich nur Magister sind
Psyche	neben der Seele ist *di Psych* in Österreich auch ein Frisiertischchen mit Spiegel
Pudel	männlich: Hund, weiblich: Verkaufspult, Tresen; oft auch Zusatz bei Steigerungen: *pudelnackert*, *pudelwohl*; wer sich *aufpudelt*, der regt sich auf
Pudelhaube	Wollmütze

pudern	mit Puder bedecken; aber auch: koitieren (*derb*)
Pülcher	Strolch
püseln	ein Nickerchen machen, schlafen
Puffen	Schießwaffe
Pumperer	dumpfer Ton, der bei einem Aufprall oder Schlag entsteht
pumperlgesund	kerngesund
Pupperl	herziges, kleines Mädchen; aber auch: Freundin
putzen	(chemisch) reinigen; wenn man *sich putzen soi*, dann soll man verschwinden; eine *Putzerei* ist eine Kleiderreinigungsanstalt
Putzerl	kleines Kind

Q

Quadratschädel	Querkopf
Quargel	kleiner, runder, mächtig stinkender Käse; aber auch: Unsinn; wer *quargelt*, der redet blöd daher
Quetschen	Ziehharmonika; aber auch: Geizkragen; kleiner Betrieb
Quiqui	der Tod
Quittenkäs	feste Quittenmarmelade

R

Rabenviech, -vieh, -braten Schimpfwort für alle möglichen Personen

Racker temperamentvolles Kind

Radaubruder Mann, der lärmt

Radi Rettich

Rahm Jener Teil der Milch, der sich oben von ebendieser absetzt und dann zur Butter weiterverarbeitet wird, heißt in Westösterreich wie in vielen Teilen Deutschlands *Rahm* (im Norden Niederösterreichs aber z. B. *Schmettn*, in Norddeutschland sagt man dazu *Sahne*). Gleichzeitig ist mit Rahm auch der (oft gesüßte und) geschlagene *Rahm / Schlagrahm* gemeint, den man zum Verzieren und kalorienmäßigen Aufwerten von Süßspeisen verwendet: Man nennt ihn in manchen Teilen Deutschlands dann ebenfalls *Sahne* bzw. *Schlagsahne*; diese wiederum heißt in Ostösterreich aber *Obers* bzw. *Schlagobers*; s. a.: *Sauerrahm*

Ram, Raml, Rammel Nasenpopel; eingetrockneter Schmutz, besonders, wenn er in Kindergesichtern vorkommt

Ramasuri, Remasuri	gründliches Aufräumen; aber auch: großes Durcheinander, turbulente Situation; außerdem: ausgelassenes Vergnügen (*ostösterr.*)
Rappel	Zorn, Irrsinn; wer *an Rappl kriagd*, bekommt einen Anfall
Rastelbinder	Siebmacher, umherziehender Kesselflicker (von Rastel: Gitter, Drahtgeflecht)
Ratsche	Klapper, Rassel; aber auch: geschwätziger Mensch
ratschen	viel reden
Ratz	Ratte
Rauchfangkehrer	Schornsteinfeger; eine *Raupfangtaum* (Rauchfangtaube) ist eine ungepflegte Frau
raunzen	jammern, nörgeln, weinerlich klagen; s. a.: *Einiraunzer*
Rauschkugel	Spiegeltrinker, einer, der nie nüchtern ist, also *nie niachd ins Hemd scheißt*
Rayon	Dienstbereich z. B. eines *Kiwaras* (s. *Kiberer*)
Renkn, Ranken	großes Stück Brot
rebeln	abbeeren
reiben	u. a.: (mit einer Bürste) scheuern; aber auch: (Kaffee) mahlen; wenn einer jemandem *ane reim wü* (eine reiben will), dann droht er ihm eine Ohrfeige an

Reibgerstel	eine Suppeneinlage aus fein geriebenem Nudelteig
Rein	flacher Kochtopf; die kleine Ausgabe davon heißt *Reindl*
reißen	wer einen *Stern reißt*, der stürzt z. B. beim Schifahren; wer einem *ane reißn wü*, will ihn ohrfeigen; wer *wos reißt*, der erreicht etwas; wer sich *um wos reißt*, bemüht sich um etwas; wer *das Reißn / 's Reißade hot*, leidet an Rheumatismus; wenn man *wos in da Reißn hot*, bearbeitet man etwas
reitern	Sand, Getreide o. ä. sieben
rern, rean	weinen
resch	knusprig; aber auch: lebhaft, munter; ein *rescher Wein* ist herb bis sauer; eine *resche Person* ist resolut
retour	zurück, rück-
Rexglas	Einmachglas; wenn man heißes Obst im Rexglas konserviert, dann nennt man das *einrexn*
ribbeln	schnell reiben
Ribisel	Johannisbeere
richten	wer *wos richt*, der repariert etwas; wer *sis* (es sich) *richt*, der verschafft sich über persönliche Kontakte Vorteile
Rinde	Borke eines Baumes; auch: Brotkruste
Rindsuppe	Fleischbrühe
Ringelspiel	Karussell

Ringlotte	Reneklode
Rodel	Kinderschlitten
rogel, roglert, roglig	locker werden, ins Rollen kommen
Rollbalken	Rollladen
Röster	Kompott oder Mus; s. a.: *Zwetschkenröster*
Roßknödel	Pferdeapfel
Rostbraten	Hochrippe
Rote Rübe	Rote Bete
Rotkraut	Der norddeutsche Rotkohl heißt in Ostösterreich Rotkraut, in Westösterreich Blaukraut, gemeint ist immer das Gleiche (von der Farbe her müsste er ja eigentlich Lilakohl heißen, aber das Wort lila kam im Deutschen erst im 18. Jahrhundert auf und da gabs das komisch gefärbte Kraut schon lang).
Rotz	Nasensekret; das Wort eignet sich hervorragend für Kombinationen, die immer ein Schimpfwort für alle möglichen Menschen ergeben: *Rotzbua, Rotzlöffel, Rotzmensch, Rotzpipn* etc.
ruacheln	hart arbeiten
Rübenzuzler	Nichtskönner
Rüpel, Riapel	grober, ungehobelter Mann
Ruß, Ruaß	Ruß; aber auch: Pöbel
Rutscher	kurze Fahrt; Abstecher

Säckel	Hosentasche; aber auch: Geldbeutel; der *Säckelmeister* ist der Kassenwart
Sackerl	Tüte; ein *Sacklpicker* ist ein dummer Mensch bzw. ein Häftling (s. a.: *picken*); ein *Sacklhüpfer* hingegen ist ein Fallschirmspringer (*scherzh.*)
Saft	Trinksaft; aber auch: Bratensoße
saggerisch, sakrisch	übel, verrucht; aber auch: tüchtig; das Wort wird gelegentlich zur Steigerung von Eigenschaftswörtern verwendet: wenn etwas *saggrisch guad* ist, dann ist es sehr gut
Sakristeiwanze	ganz besonders frommer Mensch
Salathäuptel	s.: *Häuptel*
saldieren	die Bezahlung einer Rechnung bestätigen
Salettl	Gartenhäuschen, Laube
Salzamt	eine Behörde, die es auch in Österreich nicht gibt, weshalb *geh aufs Soizaumt!* eigentlich »verschwinde!« meint
Salzstangerl	Salzstangen sind in Österreich immer Salzstangerl, unabhängig von ihrer tatsächlichen Größe
Samstag	Sonnabend

sandeln	langsam arbeiten, faulenzen; ein *Sandler* ist ein untüchtiger Mensch; aber auch: Obdachloser
Saubartl	Schmutzfink; auch sonst ist *Sau* ein gern verwendeter Zusatz zu unterschiedlichsten Worten, die dadurch alle nicht feiner werden: *Sauhaufen*, *Saumagen*, *Sauschädel* etc.
sauber	ein *saubers Madl* kann sowohl ein sauberes als auch ein hübsches Mädchen sein
Sauce	Tunke bei Speisen
Sauerkraut	aus weißem Kohl gemachter Sauerkohl (s. a.: *Rotkraut*)
Sauerrahm	saure Sahne; mit Mehl vermischt ergibt er ein *Rahmgmachterl*
Schaffel	großes, breites, mit beiden Händen zu tragendes Gefäß
Schakl	von »Jacques« abgeleitetes Wort für einen, der Hilfsdienste leisten muss
Schani	guter Freund; aber auch: Kellner bzw. abwertend: Laufbursche; der *Schanigarten* hingegen ist ein kleiner Gastgarten auf einem Gehsteig (abgeleitet von der Aufforderung an den Kellner: *Schani, trog in Goatn ausse*)
Schank	Raum im Gasthaus, in dem ausgeschenkt wird
Schas, Schoas, Scheiß	Darmwind; aber auch: Unfug; ein *Schaas mit Quastl* ist ein besonderer Unfug, eine *Schastrommel* ist ein

	Schimpfwort v. a. für ältere Frauen; auch sonst lässt sich das Wort mit vielen anderen Worten vortrefflich kombinieren
schauen	in Österreich sieht man nicht auf die Uhr, man schaut auf sie; ähnlich ist es mit zu-, hin- und wegsehen
Schaumrolle	mit süßer Schlagsahne gefüllte Blätterteigrolle
scheangeln	schielen
scheckert	scheckig, gefleckt
scheiben	rollen, schieben; in Deutschland schiebt man, in Österreich *scheibt* man *Kegel*; wenn man jemandem *um-* oder *niederscheibt*, dann fährt bzw. stößt man ihn um bzw. nieder
Scheibtruhe	Schubkarren
Schermaus	Maulwurf
Scherm	Scherben; Topf; wenn man den *Scherm aufhot*, hat man das Nachsehen
Scherz, Scherzl	Brotanschnitt; das *Schulterscherzl* ist ein Teil des Rindes
schiach	hässlich
Schilcher	nur in der Weststeiermark gekelterter, recht *rescher* Rosé-Wein
Schinakel	kleines Boot, Ruderboot
Schlaferl	Schläfchen
Schlag, Schlagobers	Schlagsahne; s. a.: *Rahm*

schlägern	Bäume fällen
schlampert	schlampig; ein *Schlampatatsch* ist ein mäßig ordnungsliebender Mensch
Schlankel	Schelm, Schlingel
Schlapfen	Pantoffel; auch: Mund oder *Pappen*, welche man halten soll
Schlatz	Schleimiges, z. B. aus Spucke
Schlawiner	Nichtsnutz
schlecken	lecken, naschen; deshalb ist ein *Schlecker* in Österreich ein Lutscher
Schlegel, Schlögel	Keule von Rindern, Schweinen und anderen Speisetieren
schleichen, sich	sich entfernen, verschwinden
schliefen	schlüpfen
Schlieferl	kriecherischer, duckmäuserischer Mensch
schliefitzen	auf dem Eis rutschen; wenn Gott *eine Schliefitzen brunzt*, dann vereist er seinen Regen zu einer Rutschbahn
schmafu	geizig, schuftig
Schmäh	Trick, verblüffender Kniff; wer *an Schmäh fiad* (führt), macht Witze; wer einen *am Schmäh hoit*, hält ihn zum Narren; ein *Schmähtandler* macht billige Witze; wer *schmähstad* ist, der ist zu keiner entsprechenden Antwort mehr fähig; wer mit dem *Anserschmäh* kommt, ist leicht zu durchschauen; der *Weana Schmäh* ist die Art, wie und worüber man in Wien lacht

schmalgepickt	schmächtig, mager, dünn
Schmankerl	Leckerbissen
Schmarren	zerstoßener Eierkuchen zum Essen; ferner: *Erdäpfel-, Grieß-, Kaiserschmarren*; im übertragenen Sinn ist *a Schmoan* auch wertloses Zeug oder dummes Gerede
Schmierasch	unleserliches Gekritzel; aber auch: abstraktes Gemälde
schmusen	leidenschaftlich küssen (nur die Deutschen glauben, dass schmusen liebkosen meint, wo doch jeder Österreicher weiß, dass Letzteres *schmudeln* heißt)
Schnackerl	Schluckauf
Schnalle	liederliches Frauenzimmer, Dirne; aber auch: Klinke
schnapseln	Schnaps trinken
schnaxeln	koitieren
Schneckerl	Haarlocke
Schneebrunzer	Mensch ohne Unternehmungslust
Schneuztüchl	Taschentuch
Schnitten	Waffeln
Schnoferl	beleidigtes Gesicht; meist im Zusammenhang mit der Aufforderung: *Moch kaa Schnoferl*
Schnürlregen	strömender Regen v. a. in Salzburg
Schnürlsamthose	Kordhose

Schober	Heu- oder Strohhaufen
Schöberl	Suppeneinlage aus Biskuit mit Hirn, Milz, Schinken etc.
Schopfbraten	Fleischteil des Schweins hinter dem Kopf; Kamm
schoppen	hineinstopfen; stopfend mästen (beim Geflügel)
Schöpsernes	Hammelfleisch
Schranken	Schlagbaum bei einem Bahnübergang
Schraufen	Niederlage beim Sport; z. B. haben die Deutschen 1978 in Cordoba beim legendären 3:2 von den Österreichern einen solchen bekommen
Schularbeit	Klassenarbeit
schupfen	leicht werfen, stoßen, stupsen; wenn *mia des scho schupfn wean*, dann werden wir es schon bewältigen
Schupfen	Schuppen, Wetterdach
Schüppel	Büschel (Haare); aber auch: Schar (Kinder)
Schurl	Koseform zu Georg; der *Schurl mit da Blechhaubn* ist der behelmte Feuerwehrmann; wenn dieser *schurlt*, dann läuft er schnell
schustern	koitieren; wenn man etwas *zusammenschustert*, dann arbeitet man ungenau
Schwammerl	Pilz; das »-erl« sagt nichts über die Größe desselben aus

Schwarzbeere	Heidelbeere
Schwarzer	im Gegensatz zum Braunen ein Kaffee ohne Milch; ein *Schwarzkappler* jedoch ist ein Kontrolleur bei öffentlichen Verkehrsmitteln
Schwedenbombe	Mohrenkopf
Schweigl	Rausch
schweinigln	unanständige Sachen machen
Schwül	Rausch
Seicherl	kleines Sieb; aber auch: Duckmäuser (Neudeutsch: Warmduscher)
Seifensieder	langweiliger Mensch
seihen	Flüssigkeit mit einem *Seiher*, *Seicherl* (Sieb) sieben
sekkant	lästig, zudringlich; die entsprechende Tätigkeit heißt *sekkieren*
selchen	Fleisch räuchern
Semmel	Brötchen; in manchen deutschen Landstrichen kennt man zwar die »Semmel«, umgekehrt weiß man hierorts aber nicht, was Brötchen sind; wenn überhaupt, hält man das in Österreich für ein kleines, in der Regel belegtes Brot; eine *Kaisersemmel* ist ein rundes Brötchen. Aus Semmeln macht man *Semmelbrösl* (= Panier-, Semmelmehl), *Semmelkoch* (= Brei aus Semmelmehl, Eiern, Milch etc.), *Semmelkren* (= Brei aus Semmeln und Meerrettich) und *Semmelschmarrn* (= Speise aus Semmeln, Milch, Eier,

	Zucker, Rosinen usw.); ein *Semmeltrenzer* ist ein weinerlicher Mensch
Senf	Mostrich
Servus	Gruß zum Abschied oder zur Begrüßung; wer *(sich) einen Servas (owa)reißt*, der grüßt besonders militärisch stramm
Sessel	Stuhl; ein *Sesselfuß* ist demnach ein Stuhlbein
sierig	geizig
Simandl	Pantoffelheld
Spagat	Bindfaden; aber auch wie in Deutschland: Spagat (Sport)
Spalte	in Österreich auch: Scheibe, Segment einer Frucht
spannen	auch: merken, ahnen
Spaßettln	Witz, Scherz
speanzeln	liebäugeln
spechteln	neugierig schaun, spähen
speiben	speien
sperren	schließen
Spezi, Spezl	guter Freund
Spinatwachter	Wichtigtuer; Polizist (*scherzh.*)
Spital	Krankenhaus
Spitz	Schwips
Spompernadeln	Dummheiten, Abenteuer; aber auch: widersetzliches Verhalten

Springinkerl	lebhaftes, quirliges Kind
sprudeln	quirlen
stad	ruhig, still; s. a.: *hackeln*
Stadel, Stadl	Scheune
Stamperl	Schnapsgläschen
stampern	jagen, scheuchen
Standel, Standl	Verkaufsstand
Stanitzel	Tüte (v. a. bei Eis)
Staubzucker	Puderzucker
Stelze	Eisbein
Sterz	einfache Speise aus zu kleinen Stückchen zerstoßenem Teig: *Erdäpfel-, Heiden-, Kukuruzsterz* etc.; da der Sterz die »Nationalspeise« der Steirer ist, heißen diese auch *Sterzfresser*
Stiege	Treppe; Heimito von Doderers Roman heißt deshalb »Die Studelhofstiege« und nicht »Die Strudelhoftreppe«
stier	ohne Geld, flau; leer
stieren	wenn jemandem etwas *stiert*, dann ist es ihm unangenehm
stierln	stöbern; s. a.: *Mist*
Stierwascher	Salzburger (nach einer Sage, in der es um einen angemalten Stier geht)
Stockerl	Hocker
Stockzahn	Backenzahn

Stoppel	Korken; der *Stoppelziaga* ist der Korkenzieher
strabanzen, strawanzen	umherstreifen, sich herumtreiben; ein *Strabanzer* ist ein Nichtsnutz
Strauchen, Strauken	Schnupfen
Streithansl	streitlustiger Mensch
Striezel	längliches Hefegebäck in Zopfform
Strizzi	Strolch, leichtsinniger Mensch; auch: Zuhälter
strotten	stochern
Strudel	Mehlspeise aus Blätter-, Hefe- oder Mürbteig, die mit Äpfeln, Mohn, Rosinen, Nüssen u. ä. gefüllt wird; wenn sich etwas wie *Strudeltaag* zieht, dann dauert es schon sehr lange
stucken	angestrengt lernen
Stupp	Streupulver, Puder
Sturm	in Gärung übergegangener Traubensaft, der nicht nur sehr gut, sondern auch sehr verdauungsfördernd ist
Sumper Sumperer	Spießer, Banause; missmutiger Mensch
Suppe	Brühe; das *Suppengrün* ist das Suppengemüse
Surfleisch	Pökelfleisch
Surm	einfältiger Typ

Tabernakel-schwalbe	frömmelnde, bigotte Frau
tachinieren	in der Arbeitszeit untätig herumstehen
Taferlklasse	1. Klasse Volksschule
Tandler	Trödler; s. a.: *Schmähtandler*
Taschelzieher	Taschendieb
Tascherl	Mehlspeise, welche mit *Powidl* o. ä. Süßem gefüllt ist; in Wien auch als *Tatschkerl* bekannt
tauchen, antauchen	drängen, schieben
taugen	in Wendungen à la *mia taugt des* bedeutet es »gefallen«
Teschek	einer, der immer das Nachsehen hat
Topfen	Quark; in der Küche braucht man ihn zum Füllen von *Golatschen*, *Palatschinken* und *Knödel*, im Leben zum Schimpfen (weil *Topfen* dann »Unsinn«, »Dummheit« meint); ein *Topfenneger* ist ein sehr hellhäutiger Mensch
törisch, terrisch, derisch	taub; eine *derische Kapön* (Kapelle) ist ein Schwerhöriger

Trafik	Tabakladen, in dem es auch Zeitschriften u. ä. zu kaufen gibt
tramhapert	unausgeschlafen, geistesabwesend
Traumined	Feigling
trawig, drabig	eilig, dringend
trenzen	weinen; aber auch: Speichel absondern; ein *Trenzpatterl* ist demnach ein Sabberlatz
Trumm	großes Stück; ist das Trumm noch größer, dann nennt man es *Mordstrumm*
Trutsche	Frau (*derb*); ein *Trutscherl* ist eine sich verlegen stellende junge Frau
Tschapperl	unbeholfener Mensch
tschechern	ausgiebig Alkohol trinken
Tschik	Zigarette bzw. das, was von ihr übrig geblieben ist; wenn jemand *fett wia a Häusltschik* ist, ist er sehr betrunken
Tschinelle	Becken (Musikinstrument)
Tschocherl	einfaches, gemütliches Café, nicht zu verwechseln mit dem *Tschecherl*, einer (Wiener Vorstadt-)Kneipe
Tschusch	abwertend für Ausländer v. a. aus dem Balkan (um nicht mit einem solchen verwechselt zu werden, lassen manche österreichische Politiker mit unösterreichischem Nachnamen ebendiesen ändern)
Tuchend	Bettdecke
tummeln, sich	sich sputen, beeilen
Tutteln	Brüste

überhapps	ungefähr
überkandidelt	exaltiert
überknöcheln	verstauchen
übertauchen	(eine Krankheit) überstehen, überwinden
Überwurf	Tagesdecke
überwuzelt	alt
überziehen	auch: begreifen, verstehen
ujegerl	oje
umadum	herum
umanand, umananda	umher
umhin, ummi	hinüber
ungustiös	unappetitlich; ein *Ungustl* ist ein wenig attraktiver Mensch
unterkommen	wenn jemandem *wos untakummt*, dann stößt er zufällig auf etwas
Unterläufel	Untergebener
urassen	verschwenden
Urschel	blöde Frau

Vanillekipferl	süßes Nuss- oder Mandelhörnchen
Veigerl	Veilchen; aber auch: blaues Auge
verbandelt	liiert
verdepschen	verbeulen
verdrahn, verklopfen	verkaufen
verhatscht	ausgetreten; aber auch: unangenehm
verkiefeln	wenn man *wos ned vakiefln* kann, kann man es nicht leiden
verkühlen	erkälten; die Aufforderung *Vaküü di ned* meint aber: Unterschätze das nicht! Pass auf!
verkutzen, sich	sich verschlucken und in der Folge heftig husten
vermanschen	vermengen, durcheinander bringen
vernadern	denunzieren
vernudeln	zerknittern
verplauschen	die Zeit beim langen Plaudern übersehen
verschauen	die Zeit beim langen Schauen übersehen; aber auch: sich verlieben

versperren	verschließen
versumpern	geistig abstumpfen; aber auch: in einem Lokal picken bleiben (s. *picken*)
verwordagelt	verunstaltet, entstellt
verzapfen	berichten; wenn man *an Bledsinn vazapft*, erzählt man Unfug
verzupfen, sich	verschwinden, sich entfernen
Vogerlsalat	Rapunzel- bzw. Feldsalat
Vorhang	Gardine
Vorhaus	Flur
Vorzimmer	Diele

W

Wachel, Wachter	Polizist; wenn dieser in seinem *Wachzimmer* sitzt, sitzt er in seinem Büro
wacheln	winken, fächeln
Wadel	Wade; ein *Wadlbeißer* ist ein unfairer Mensch; wenn man jemandem *di Wadln firi richt*, bringt man ihn auf Vordermann
Wampe	Bauch
wampert	dick; schwanger (*derb*)
Wappler	ein nicht sehr gescheiter, ungeschickter, auf jeden Fall ein eigenartiger Mensch
waschelnass	sehr nass
Wascher	etwas sehr Großes
Waschrumpel	Waschbrett; der »Waschbrettbauch« heißt aber auch in Österreich nur so
Waserl	hilfloser, unbeholfener Mensch
Watschen	Ohrfeige; der *Watschenmann* ist eine große Puppe im Wiener Prater, die man gegen Bezahlung ohrfeigen kann; ein *Watschengesicht* lädt zum Watschen ein
Wecken	Brot in länglicher Form (im Gegensatz zum Laib); Verkleinerungsform: *Weckerl*

Weichsel	Sauerkirsche
Weihwasserente	frömmelnder, bigotter Mensch
Weinbeere	das *Weimperl* ist die Rosine
Weinbeißer	spezieller Lebkuchen; aber auch: Weinkenner
Weinhauer	Winzer
Weißkraut	Weißkohl
Werkel	Leierkasten, Drehorgel, die von einem *Werkelmann* bedient wird
Wickel	auch: handfester Streit
Wiegel-Wagel	wer *im Wiegel-Wagel* ist, ist unentschlossen
wiescherln	urinieren
Wimmerl	Pickel, Pustel
wurln	wimmeln; emsig sein; wenn jemand ganz *wurlert* ist, ist er kribbelig
Würstel, Würschtel	Würstchen; der in Städten allgegenwärtige *Wiaschdlstaund* ist die Würstchenbude
Wurzelsepp	ungepflegter, ungehobelter Naturbursch
wuzeln	zwischen den Fingern drehen, wickeln; man *wuzlt* sich z. B. eine Zigarette; wenn man sich *durch di Leit wuzlt*, dann drängt man sich durch eine Menschenmenge; wenn man etwas *verwuzelt*, dann knittert man etwas; ein *Wuzler* ist ein Tischfußballgerät
Wuzerl	dickes Kind; aber auch: Fussel

Z

zach	zäh
Zapf	mündliche Prüfung in der Schule
Zapfen	große Kälte (*Heit hods owa an Zopfn!*)
zaundürr	sehr dünn
Zehe	Zehe; aber eine *fade Zechn* ist eine langweilige, hässliche Frau
Zeller	Sellerie
Zelten	kleiner flacher Kuchen, besonders Lebkuchen; aber auch: dummer Mensch
zermerschern, zermantschen	zerquetschen, zerdrücken
zernepft	zerzaust
zerspragеln, sich	sich überarbeiten, sich für jemanden einsetzen, aufopfern
zerwuzeln	zerknittern; wenn man *si z'wuzlt*, dann muss man heftigst lachen
Zezn	wehleidiger Mensch
Zibebe	große Rosine
Zille	kleiner, flacher Kahn mit einem Ruder (v. a. Rettungszille)

Zins	Miete, weshalb ein *Zinshaus* ein Mietshaus ist
Zipf	langweiliger Mensch; v. a. in der Kombination *fader Zipf*
Zipp, Zippverschluss	Reißverschluss
zizerlweis	nach und nach, ratenweise; ein *Zizerl* ist eine Kleinigkeit
Zizibee	Hausfreund; aber auch: Meise
Zornbinkel	jähzorniger Mensch
Zniachtl	kleiner, unscheinbarer Mensch
Zodn	je nach eigener Spießigkeit lange bis sehr lange, ungepflegte Haare
Zores	Ärger
zua	zu, geschlossen; wenn man aber *zua is*, dann ist man schwer betrunken
Zuckerbäcker	Konditor
Zuckerl	Bonbon; etwas Besonderes; ein *Wahlzuckerl* ist ein in der Regel leeres politisches Versprechen vor einer Wahl
zufleiß	absichtlich; wenn man jemandem *wos zfleiß duad*, dann ärgert man ihn absichtlich
Zugereister	*Zuagroaste* sind alle, die keine Einheimischen, Eingeborenen oder *Dasigen* sind
Zumpferl	Penis, v. a. beim Kleinkind
zündeln	mit dem Feuer spielen

zusammenleppern	wenn sich *wos zaumleppad*, dann sammelt sich etwas an, kommt etwas zusammen
zusperren	abschließen
zuzeln	lutschen (s. a.: *Rübenzuzler*); wenn man sich etwas *aus de Finga zuzld*, dann greift man etwas aus der Luft, muss man mit Mühe etwas erfinden
Zwergrattler	sehr kleiner Hund bzw. Mensch
Zwetschke	Pflaume; die *siebn Zwetschkn* sind das ganze Hab und Gut; ein *Zwetschkenkrampus* ist eine Krampusfigur aus gedörrten Pflaumen (s. a.: *Krampus*); ein *Zwetschkenröster* ist ein Pflaumenkompott, das v. a. zum Grießschmarrn gereicht wird
zwicken	kneifen
zwider	unangenehm, übel gelaunt; demnach ist die *Zwiderwurzen* ein stets übel gelaunter Mensch; *anzwidern* bezeichnet ein aktives mürrisches Verhalten
Zwutschkerl	sehr kleines Ding oder Wesen

Ein langes Nachwort

SPRACHEN

Wie viele Sprachen gibt es auf unserer Welt? Was schätzen Sie? Sie haben keine Ahnung? Recht so! Die Sprachwissenschaftler wissen's nämlich auch nicht. Ob derzeit 2500 oder doch eher 5500 Sprachen gesprochen werden, hängt ganz davon ab, wer die Sprachen wie zählt. Denn bis wann ein Dialekt noch ein Dialekt ist und ab wann man ihn schon als eigene Sprache mitrechnet, darüber lässt sich trefflich streiten.

Dort, wo das goldene Wienerherz schlägt, erzählt man sich zum Beispiel gern folgenden Witz: Was ist der Unterschied zwischen einem Türken und einem Vorarlberger? – Der Vorarlberger ist besser angezogen, aber den Türken versteht man besser. Und tatsächlich: Jeder Wiener würd ung'schaut versichern, dass die Vorarlberger eine eigene Sprache sprechen. Die Germanisten sagen ihnen aber, dass auch die vorarlbergische Mundart so wie das übergeordnete Alemannische noch eindeutig Teil der deutschen Sprache ist, auch wenn es östlich des Arlbergs keiner mehr versteht …

Trotz all dieser diffizilen Definitionsfragen waren die Sprachwissenschaftler natürlich nicht faul und haben Sprachfamilien gefunden: Sprachen, die sich aus gleichen oder ähnlichen Sprachwurzeln entwickelt und deshalb einige Gemeinsamkeiten behalten haben. Eine davon ist die indogermanische Sprachenfamilie, die Ableger in praktisch allen Erdteilen hat. Eine Untergruppe dieser Familie sind die germanischen Sprachen und zu denen gehören wiederum das Deutsche, das Dänische, das Norwegische, das Jiddische und noch ein paar andere Sprachen.

DIE DEUTSCHE SPRACHE

Weltweit sprechen über 90 Millionen Menschen deutsch. Damit liegt die deutsche Sprache nach Chinesisch, Englisch, Spanisch, Hindi, Arabisch, Bengali, Russisch, Portugiesisch und Japanisch auf Platz 10 unter den Sprachen mit den meisten Sprechern.

Abgesehen von diversen deutschen Sprachinseln vor allem in Osteuropa umfasst der geschlossene deutsche Sprachraum heute acht Länder: Deutsch ist mit seinen rund 220.000 Wörtern Staatssprache in Deutschland, Österreich, Liechtenstein und in der deutschsprachigen Schweiz, Deutsch hat neben anderen Sprachen amtlichen bzw. offiziellen Status in Belgien, Luxemburg und in Südtirol (Italien); öffentlich, wenn auch nicht amtlich, wird es in Elsass-Lothringen (Frankreich) verwendet.

SPRACHEXPORT, SPRACHIMPORT

Zwischen den deutsch sprechenden Ländern herrscht ein reger Verkehr: Deutsche werden in Wien Burgtheaterdirektoren, Österreicher leiten n-tv, Deutsche lieben DJ Ötzi, Österreicher zerkugeln sich über Otto usw. Es finden also auf unterschiedlichsten Wegen tagtäglich Wortex- und -importe statt.

Dazu ein Beispiel für Literaturliebhaber: 1995 kam »Der See« auf den Markt. Der Roman des österreichischen Schriftstellers Gerhard Roth, der im deutschen Verlag S. Fischer erschien, spielte am Neusiedler See im Burgenland. Und obwohl es an diesem österreichischen See von *Gelsen* nur so wimmelt, kommen im Buch nur die deutschen *Stechmücken* vor. Wieso das? Offensichtlich hat sich der deutsche Lektor gegen den österreichischen Autor durchgesetzt. (»*Gelsen* versteht in Deutschland kein Mensch und wir wollen Ihr Buch ja vor allem auch in Deutschland verkaufen«, wird er wohl gesagt haben.)

Der Sprachimport aus Deutschland findet aber auch und vor allem in ganz profanen Bereichen statt: etwa bei Kino-Blockbustern, Vorabend-Serien und Kindersendungen, die in Deutschland produziert oder synchronisiert werden, oder bei der Beschriftung von Dingen aller Art, die große Handelsketten vertreiben. So verdrängt zum Beispiel der deutsche *Schrank* schön langsam den österreichischen *Kasten*, die deutsche *Aprikosenkonfitüre* die österreichische *Marillenmarmelade* usw.
Der Sprachtransfer funktioniert aber auch in die umgekehrte Richtung: Die österreichische *Maut* schiebt dank der deutschen Touristen die deutsche *Straßenbenützungsgebühr* aufs Abstellgleis. Die österreichische *Palatschinke* mausert sich zu einem gesamtdeutschen Wort für eine regional nicht mehr typische Speise. Auch der *Apfelstrudel* mag zwar eine österreichische Erfindung sein, das Wort aber gibt es so wie die Sache selbst schon im ganzen deutschen Sprachgebiet. Ähnlich verhält es sich mit dem *Wiener Schnitzel.*

SPRACHUNTERSCHIEDE

Weil wir grad beim Essen sind: Es gibt – getreu dem Motto »Der Österreicher unterscheidet sich vom Deutschen durch die gemeinsame Sprache« – natürlich auch Fälle, wo ein und dasselbe Wort in Österreich was anderes bedeutet als in Deutschland. Die *Extrawurst* ist in Österreich zum Beispiel eine eigene Wurstsorte UND eine Allüre, eine Ausnahme, in Deutschland ist sie nur Letzteres. Wenn in Österreich einer *läuft*, dann *rennt* er, wenn hingegen Deutsche laufen, dann gehen sie oft nur zu Fuß. Die *Bäckerei* ist in Deutschland wie in Österreich eine Bäckerei, also ein Wirtschaftsunternehmen, in Österreich bezeichnet das Wort aber auch noch das süße kleine Backwerk. In Österreich wie in Deutschland kann man *etwas ausrichten* (eine Nachricht), in Österreich kann man aber auch *jemanden ausrichten* (also Schlechtes über ihn sagen). In Deutschland kann man nur einen Streit *schlichten*, in Österreich kann man auch Hemden in einen Kasten schlichten.

DAS ÖSTERREICHISCHE DEUTSCH

Womit wir bei der Frage nach den charakteristischen Eigenschaften des österreichischen Deutsch im Vergleich zum deutschen Deutsch wären. Da gibt es zunächst eine ganze Reihe von sprachlichen Besonderheiten, die de facto keinen wirklich interessieren: Wer will schon wissen, ob das Fugen-s zwischen zwei Hauptwörtern typisch österreichisch ist oder nicht, ob ein Bordell *das Puff* (wie in Österreich) oder *der Puff* heißt?

Einige Besonderheiten aber sind nicht ganz uninteressant: Da gibt es zum Beispiel Wörter, die jeder Einheimische für »typisch österreichisch« hält, die aber im gesamten süddeutschen Sprachraum verwendet werden. *Bub* sagt man zum Beispiel bis rauf nach Frankfurt, erst ab dort wird der *Bub* zum *Jungen*; ähnlich weit oben verläuft die Grenze zwischen *Orange* und *Apfelsine*, *Samstag* und *Sonnabend*, *heuer* und *dieses Jahr*, *kehren* und *fegen*, *Rechen* und *Harke*.

Dann gibt es Wörter, die »typisch« für Österreich sind, aber eigentlich im ganzen bairisch-österreichischen Dialektraum gelten: Man feiert also *Fasching* (und nicht *Fastnacht*), zahlt seine *Maut* (und keine *Zollgebühr*), schneidet sich ein *Scherzel* ab (und keinen *Brotanschnitt*), reibt sich einen *Kren* (und keinen *Meerrettich*) und isst *Knödel* (und nicht *Klöße*). Diese »typisch österreichischen« Worte werden in Vorarlberg und in Westtirol übrigens nicht verwendet: Diese Gegenden gehören zum alemannischen Dialektraum und sind mit der Schweiz zum Beispiel sprachlich näher verwandt als mit dem Rest Österreichs …

Aber es gibt natürlich auch Wörter, die wirklich für ganz Österreich typisch sind (wenn auch nur deshalb, weil sie von Amts wegen in Gebrauch sind): In den Gesetzen, die das österreichische *Parlament* (und nicht das *Bundeshaus*) verabschiedet, steht nämlich *Nationalrat* (und nicht *Bundestag*), *Kundmachung* (und nicht *Bekanntmachung*), *Ansuchen* (und nicht *Gesuch*), *Erlagschein* (und nicht *Zahlkarte*), *Journaldienst* (und nicht *Bereitschaftsdienst*), *Obmann* (und nicht *Vorsitzender*), *Matura* (und nicht *Abitur*).
Und schließlich gibt es Wörter, die für die Österreicher typisch sind, weil sie sie noch in der guten alten Zeit von den auch nicht redefaulen Nachbarn entlehnt haben: Aus Italien übernahmen sie den *Karfiol* und die *Melanzani*, aus dem Magyarischen kam die *Palatschinke*, aus dem Tschechischen der *Powidl*.

SPRACHSCHICHTEN

Aber weil das österreichische Deutsch so wie das deutsche Deutsch auch keine einheitliche Sprache ist und jeder Sprecher versucht, seine Sprache an die jeweilige Situation anzupassen, sind auch noch die unterschiedlichen Sprachschichten zu beachten. Dazu ein Beispiel: Ein deutscher Tourist ist von der Bergwelt Tirols begeistert. Im Überschwang seiner Gefühle spricht er seinen Schilehrer an und fragt: *Sagen Sie, Herr Toni, wie heißt jener Berg dort?* Der Schilehrer sieht etwa 20 verschiedene Berge und fragt: *Wos füa ana?* Und der Deutsche antwortet: *Danke*.
Hier haben die Sprachschichten zugeschlagen: Der Deutsche fragt in der Hochsprache und rechnet also mit dem Namen eines Berges im Rahmen einer hochdeutschen Antwort. Die kommt aber nicht, weil der Österreicher im Dialekt zurückfragt: *Wos füa ana?* Hätte er hochdeutsch mit *Was für einer? Welcher?* zurückgefragt, hätte

der Deutsche das als Frage erkannt und es wäre zu einem ganz normalen Dialog gekommen. So aber missinterpretiert er die Dialekt-Frage als Namen und aus dem Dialog wird ein Witz.

Das mit den Sprachschichten ist also ein Hund und den wollen wir uns noch kurz etwas genauer anschauen: Nehmen wir den hochdeutschen Satz *Heute Abend kommt mein Bruder nach Hause*. In den Randgebieten des niederösterreichischen Weinviertels würde dieser Satz im Basisdialekt der dortigen Einheimischen (dem »ui-Dialekt«) zum Beispiel etwa so lauten: *Heint af d'Nocht kimmt mei Bruider hoam*. Im Verkehrsdialekt, der auch noch immer eher von der älteren, schwer manuell arbeitenden Bevölkerung gesprochen wird, könnte er dann so lauten: *Heit auf d'Nocht kummt mei Bruader ham*. In der etwas »gehobenen« Umgangssprache würde er schon so klingen: *Heit åb'nd kommt mei Bruder z'Haus*. In der Standardsprache schließlich, in der alle halbwegs formellen Gespräche über wenig persönliche Dinge und zwischen einander nicht vertrauten Menschen ablaufen, klingt der Satz recht »Duden«-kompatibel: *Heut åb'nd kommt mein Bruder nåch Haus*.

»Sprechen Sie Österreichisch?« bietet Ihnen Wörter aus all diesen Sprachschichten an – die meisten sind aber in der Umgangssprache zu Hause. Wenn Sie es genauer wissen wollen, verweisen wir auf die entsprechenden Angaben in der Fachliteratur. Wörterbücher sind für solche Fragen übrigens weniger geeignet. Das »Österreichische Wörterbuch« zum Beispiel ist ungefähr genauso ost-lastig wie dieses Büchlein, weil seine Autoren ebenfalls alle in Ostösterreich sitzen. Zum Ausgleich hat der »Duden« eine nord- bzw. mitteldeutsche Schlagseite: Er hebt österreichische Wörter speziell mit dem Vermerk *österr.* hervor, tut das Gleiche aber bei norddeutschen

Wörtern nicht, wodurch diese als regionenübergreifend, neutral erscheinen ...

Aber das ist eine andere Geschichte, über die sich noch Generationen von Sprachwissenschaftlern und Germanisten die Köpfe zerbrechen werden. Wir jedoch wollen mit einem kleinen Witz enden: Ein Brite, ein Franzose und ein Österreicher unterhalten sich über die Schwierigkeiten ihrer Muttersprache. Der Brite bringt das Wort Empire als Beispiel: »Wir schreiben *Empire*, sprechen es aber als *Ämpeier* aus.« Meint der Franzose: »Bei uns ist es noch schwieriger! Wir schreiben etwa *Bordeaux*, sagen aber *Bordoh.*« Der Österreicher lächelt milde, denn er weiß: Nirgends ist es so arg wie bei ihm. »Mir schreib'n *Ja bitte? Sie wünschen?*, oba sog'n dan mir *Hä?*«

LITERATUR

Adlassnig, Hans u. Tschirk, Roman: Österreichisch für Anfänger. Ein heiteres Lexikon. Amalthea 1983.

Adlassnig, Hans u. Tschirk, Roman: Österreichisch für Fortgeschrittene. Ein heiteres Lexikon. Amalthea 1986.

Die deutsche Rechtschreibung. Duden 2000.

Ebner, Jakob: Wie sagt man in Österreich? Wörterbuch der österreichischen Besonderheiten. Duden 1998.

Jontes, Günther: Österreichisches Schimpfwörter-Lexikon. Steirische Verlagsgesellschaft 1998.

König, Werner: dtv-Atlas zur deutschen Sprache. dtv 1985.

Muhr, Rudolf u. a. (Hg.): Österreichisches Deutsch. Linguistische, sozialpsychologische und sprachpolitische Aspekte einer nationalen Variante des Deutschen. öbv & hpt 1999.

Wehle, Peter: Sprechen Sie Wienerisch? Ueberreuter 1980.

Österreichisches Wörterbuch. öbv & hpt 2000.

Wiesinger, Peter (Hg.): Das österreichische Deutsch. Böhlau 1988.

Wintersberger, Astrid: Österreichisch-Deutsches Wörterbuch. Residenz 1995.